John Angelina

Wohlstand im Willen Gottes
Der Lebensstil des Gebens

John Angelina

Wohlstand
im Willen Gottes

Der Lebensstil des Gebens

WdG Verlags-GmbH

Wort des Glaubens, Verlags-GmbH
Am Kiesgrund 2–4
D–85622 Feldkirchen / München
ISBN 3-924054-40-1

2. Auflage, März 1996

Die Bibelstellen sind in der Regel
der Schlachter-Übersetzung entnommen.

Printed in Germany

Herstellung
Umschlag-Gestaltung: Heike Biegner
Satz: Wort des Glaubens, Verlags-GmbH · Treiber-Offset, München
Druck: J.A. Schwarz, Lindenberg/Allgäu

Bestellungen sind an obenstehende Adresse zu richten.

Inhaltsverzeichnis

Widmung

Der Gemeinde und den Mitarbeitern
vom Christlichen Centrum
"Wort des Glaubens" in München
für ihre Ermutigung und Unterstützung
im Werk des Dienstes

Kapitel 1

Wohlstand – Der Wille Gottes für dich

In unserer materiell orientierten, westlichen Gesellschaft ist oftmals die Jagd nach Geld und die Anhäufung von Gütern der Ausdruck eines erfolgreichen Lebens. Im fernöstlichen Kulturkreis dagegen ist die Entsagung aller irdischen Güter und die Loslösung von jeglichen materiellen Werten der Inbegriff eines erfüllten Daseins.

Oftmals schwanken Christen ebenfalls zwischen diesen beiden Extremen und versuchen sich an einer dieser Philosophien zu orientieren. Wir lassen aber dabei außer acht, daß wir als Christen nicht mehr den Reichen dieser Welt angehören, sondern daß für unser Leben der Maßstab durch Gottes Wort gesetzt wird, das es uns ermöglicht, *in*, aber nicht *von* dieser Welt zu sein und die irdischen Güter als Werkzeuge einzusetzen, um ein anderes Reich zu bauen.

Für uns sind weder die Vorstellungen des Materialismus noch der Askese das Barometer für ein erfülltes, Gott wohlgefälliges Leben, sondern daß Gottes Wille in und durch uns ausgeführt wird.

Die Mittel, die wir benötigen, um ein solches Leben zu führen und den Auftrag Jesu zu erfüllen, werden uns zur Verfügung gestellt, ohne daß wir uns den bettelnden Elementen dieser Welt unterwerfen müßten.

Wohlstand im Willen Gottes hat andere Prioritäten zur Voraussetzung als das, was als Maßstab für Wohlstand in den verschiedenen Kulturkreisen und Gesellschaftsschichten angelegt wird. Unser Maßstab ist für alle Bereiche unseres Lebens der offenbarte Wille Gottes – Sein Wort.

Viele Christen wissen nicht, was Gottes Wort über Wohlstand zu sagen hat, und leben deshalb nicht in der Fülle, die ihnen als Kinder Gottes eigentlich zusteht. Doch Dank sei Gott dafür, daß Er uns Sein Wort gesandt hat, denn es zeigt uns Seinen Willen auf!

David sagte: *"Die Erschließung deiner Worte erleuchtet"* (Ps. 119,130). Nur wenn wir in Gottes Wort forschen und darüber nachsinnen, werden wir all die kostbaren Verheißungen entdecken, die Er uns, den Gläubigen, zugesagt hat.

Paulus schrieb an die Gemeinde in Korinth: *"Gott aber ist treu, daß unser Wort an euch nicht Ja und Nein ist! ...denn soviele Gottesverheißungen es gibt, in ihm ist das Ja, und deshalb durch ihn auch das Amen, Gott zum Lobe durch uns!"* (2. Kor. 1,18 u. 20).

Das Wort Gottes offenbart uns nicht nur Seinen Willen, sondern vermittelt uns auch die Gewißheit, daß wir das empfangen werden, was Er uns versprochen hat. Eine der Verheißungen Gottes an uns ist, daß es uns in jedem Bereich unseres Lebens wohlergehen soll.

Viele Gläubige haben biblischen Wohlstand

mißverstanden, weil sie ausschließlich die natürliche, finanzielle Seite betrachtet haben. Wahrer biblischer Wohlstand bezieht sich jedoch auf alle Facetten des Lebens. Finanzielles oder materielles Wohlergehen ist selbstverständlich ein Teil des Wohlstands, doch sicherlich nicht der einzige Aspekt davon.

Die Erlösung, die Jesus am Kreuz von Golgatha erkauft hat, erstreckt sich auf jeden Bereich des menschlichen Lebens: Geist, Seele und Leib. Jesus kam auf diese Erde, um den Menschen wieder Zugang zu einem überfließenden Leben in der Gemeinschaft mit Gott zu verschaffen. *"Der Dieb kommt nur, um zu stehlen, zu töten und zu verderben; ich bin gekommen,* ***damit sie Leben haben und es im Überfluß haben****"* (Joh. 10,10).

Wenn ein Mensch dieses Leben aus Gott nicht empfangen hat, ist er in geistlicher Hinsicht völlig verarmt. Was nützt es einem Menschen, wenn er alle Schätze der Welt besäße, aber am Ende seines Lebens doch in seinen Sünden sterben würde, weil er Jesus Christus nicht als seinen Erlöser angenommen hat?

Geistlicher Wohlstand bedeutet also, daß man die Erlösung in Jesus Christus angenommen und somit ewiges Leben empfangen hat. Unser Geist ist nun aus Gott geboren, und wir haben die Vergebung unserer Sünden erfahren.

Wohlstand im seelischen Bereich dagegen bedeutet für ein Kind Gottes, daß die Seele (der Verstand, die Gefühle und der Wille) Schritt für Schritt durch die Annahme des Wortes Gottes erneuert und wiederhergestellt wird.

Jakobus 1, 21
21 Darum leget allen Schmutz und Vorrat von Bosheit ab und nehmet mit Sanftmut das euch eingepflanzte Wort auf, ***welches eure Seelen retten kann!***

Diese Wiederherstellung unserer Seele geschieht nicht wie die neue Geburt in einem Augenblick durch ein übernatürliches Werk Gottes. Sie ist vielmehr ein Prozeß, der sich in dem Maße vollzieht, wie wir das Wort Gottes aufnehmen und anwenden.

Für unseren Leib bedeutet Wohlstand Heilung und Gesundheit. Jesus hat am Kreuz auch dafür bezahlt.

Jesaja 53, 4–5
4 Doch wahrlich, unsere Krankheit trug er, und unsere Schmerzen lud er auf sich...
5 ...und durch seine Wunden sind wir geheilt.

Heilung und Gesundheit ist der Wille Gottes für uns!

Psalm 103, 2–4
2 Lobe den Herrn, meine Seele, und vergiß nicht, was er dir *Gutes* **getan!**
3 Der dir alle deine Sünden vergibt ***und alle deine Gebrechen heilt;***
4 der dein Leben vom Verderben erlöst, der dich krönt mit Gnade und Barmherzigkeit;

Das Wörterbuch definiert den Begriff "Wohlstand" als "Zustand des Wohlergehens". Besser könnte man den Willen unseres himmlischen Vaters für uns nicht beschreiben. Gott hat Seinen Sohn gesandt, damit es uns sowohl in geistlicher als auch in seelischer, körperlicher und materieller Hinsicht wohlergeht. Wir sollen in jedem dieser Bereiche Seine vollkommene Versorgung erfahren.

Wenn wir nun unser detailliertes Studium beginnen, werden wir entdecken, daß alle Verheißungen Gottes, einschließlich die des Wohlergehens, an bestimmte Voraussetzungen geknüpft sind.

Kapitel 2

Habe deine Lust an Gottes Wort!

Psalm 1, 1–3
1 Wohl dem, der nicht wandelt nach dem Rate der Gottlosen, noch tritt auf den Weg der Sünder, noch sitzt, da die Spötter sitzen;
2 sondern *SEINE LUST HAT am Gesetz des Herrn* und in seinem Gesetze forscht Tag und Nacht.
3 Der ist wie ein Baum, gepflanzt an Wasserbächen, der seine Frucht bringt zu seiner Zeit und dessen Blätter nicht verwelken, und alles, was er macht, gerät wohl.

In diesen Versen zeigt uns der Psalmist den Weg, wie sich die Segnungen Gottes in unserem Leben einstellen. Das Ausschlaggebende ist, woran unser Herz hängt – daß unser Begehren, unser Sehnen, unsere Wonne, auf Gott und Sein Wort gerichtet ist. *"Habe deine Lust am Gesetz des Herrn"* oder am Wort Gottes (Vers 2).

Ein weiterer Schlüssel in dieser Schriftstelle steckt in dem Wort "forschen" (meditieren).

Dieses Wort hat im Hebräischen eine dreifache Bedeutung: "über etwas nachdenken; laut aussprechen; vor sich hinmurmeln".

Der Psalmist beschreibt hier einen Mann, der das Wort Gottes so sehr liebt, daß er "Tag und Nacht" darin forscht. Ich kann mir gut vorstellen, wie dieser Mann voller Begeisterung das

Gesetz des Herrn studiert, darüber nachsinnt und es immer wieder in seinem Herzen bewegt.

Wie wir in Vers 3 sehen können, ist die Folge davon, daß ein solcher Mensch viel Frucht bringt und in allem erfolgreich ist. Einen solchen Zustand kann man getrost als Wohlstand oder Wohlergehen bezeichnen.

Wir sehen hier also noch einmal, in welchem Zusammenhang Wohlstand und Gottes Wort stehen: Wenn wir unsere Lust an Seinem Wort haben und unser Leben danach ausrichten, werden wir die Segnungen Gottes empfangen. Das Wort Gottes wird unser ganzes Wesen und jeden Bereich unseres Lebens verändern, wenn wir es an erste Stelle setzen und im Glauben danach handeln.

Diese Anweisung erhielt auch Josua, als der Herr ihm auftrug, Sein Volk in das verheißene Land zu führen. Gott sprach zu Josua:

Josua 1, 6–8
6 Sei stark und fest! Denn du sollst diesem Volk das Land zum Erbe austeilen, das zu geben ich ihren Vätern geschworen habe.
7 Sei du nur stark und sehr fest, daß du darauf achtest, zu tun nach dem ganzen Gesetz, das dir mein Knecht Mose befohlen hat; weiche nicht davon, weder zur Rechten noch zur Linken, auf daß du allenthalben weislich handeln mögest, wo du hingehst!
8 Dieses Gesetzbuch soll nicht von deinem Munde weichen, sondern forsche darin Tag und Nacht (Erinnern uns diese Worte nicht an Psalm 1?), **auf daß du achtgebest, zu tun nach allem, was darin geschrieben**

steht; denn alsdann wird dir dein Weg gelingen, und dann wirst du weislich handeln!

Der zweite Teil von Vers 8 lautet in der Elberfelder-Übersetzung: ”... *damit du darauf achtest, nach alledem zu handeln, was darin geschrieben ist; denn dann wirst du auf deinen Wegen zum Ziel gelangen, und dann wirst du Erfolg haben.*”

Es ist ganz offensichtlich Gottes Wille, daß es uns wohlergeht und wir Erfolg haben, doch dies kann nur geschehen, wenn wir nach Seinem Wort handeln.

Hier wird nicht nur betont, daß wir über das Wort Gottes nachsinnen und es an erste Stelle setzen sollen, wir werden auch aufgefordert, Täter des Wortes zu sein. Wenn wir über das Wort nachdenken, erkennen wir den Willen Gottes für uns. Die Verheißungen empfangen wir jedoch nur dann, wenn wir im Gehorsam gegenüber Seinem Wort im Glauben handeln.

In Josua 1,8 sehen wir, was geschieht, wenn wir nach Gottes Wort handeln: ”... *denn alsdann wird dir dein Weg gelingen, und dann wirst* ***du*** *weislich* ***handeln****!*” Beachte, daß es an DIR liegt, etwas zu tun – nicht an Gott!

Viele Gläubige denken irrtümlicherweise, daß alles, was ihnen widerfährt, Gottes Wille sei. Doch wie wir gerade im Buch Josua und im Jakobusbrief gelesen haben, tragen wir selbst die Verantwortung für unser Leben. Die Fähigkeit, Wohlstand zu erlangen, kommt von Gott, doch erst wenn Sein Wort der Maßstab für unser Handeln geworden ist, wird sich diese Fähigkeit in unserem Leben gottgemäß entfalten.

Wir wollen nun eine weitere Wahrheit des Neuen Testaments betrachten, die unser bisheriges Fundament bestätigt.

Im 3. Johannes 2 lesen wir:

3. Johannes 2
2 Mein Lieber, ich wünsche dir in allen Stücken Wohlergehen und Gesundheit, ***wie*** **es deiner Seele wohlgeht!**

Wir erkennen hier den offensichtlichen Zusammenhang zwischen Wohlstand in allen Bereichen unseres Lebens und dem Wohlergehen der Seele.

Wie erfahren wir Wohlergehen im seelischen Bereich? Wir wollen zunächst einmal definieren, was mit "Seele" gemeint ist. Als Paulus an die Gemeinde in Thessalonich schrieb, stellte er den Menschen als ein dreiteiliges Wesen dar, das aus *Geist, Seele und Leib* besteht (1. Thess. 5,23).

1. Thessalonicher 5, 23
23 Er selbst aber, der Gott des Friedens, heilige euch durch und durch, und ***euer ganzes Wesen, der Geist, die Seele und der Leib,*** **werde unsträflich bewahrt...**

Der Geist ist der Teil des Menschen, der durch die neue Geburt von neuem geschaffen wurde. Dieses Ereignis findet in dem Augenblick statt, in dem wir Jesus Christus zum Herrn unseres Lebens machen. Die neue Geburt ist ein Wunder Gottes, zu dem ein Mensch durch eigene Anstrengungen nichts hinzufügen kann.

Im 2. Kor. 5,17 heißt es, daß "das Alte vergangen und *alles* neu geworden ist". "Alles" bezieht sich in diesem Fall auf den Geist des Menschen, der durch die neue Geburt mit dem Leben Gottes erfüllt wurde.

Aus Hebr. 4,12 können wir ersehen, daß der Geist und die Seele eines Menschen nicht identisch sind: *"Denn das Wort Gottes ist lebendig und wirksam und schärfer als jedes zweischneidige Schwert, und es dringt durch, bis es scheidet Seele und Geist..."* Wenn Geist und Seele ein und dasselbe wären – wie könnten sie dann voneinander geschieden werden?

Das Buch der Sprüche vermittelt uns weitere Einsicht in den Unterschied zwischen Seele und Geist: *"Vertraue auf den Herrn von ganzem Herzen* (der Geist des Menschen, der verborgene Mensch des Herzens) *und verlaß dich nicht auf deinen Verstand* (deine Gedanken, Überlegungen)" (Spr. 3,5). Wir glauben mit dem Herzen (Röm. 10,10), doch unsere Seele muß erneuert werden (Röm. 12,2).

Der seelische Bereich umfaßt unsere Gedanken, unsere Gefühle und unseren Willen. Gott hat uns durch die neue Geburt einen neuen Geist gegeben, doch für die Erneuerung unserer Seele oder unseres Sinnes sind wir selbst verantwortlich:

Römer 12, 2
2 Und passet euch nicht diesem Weltlauf an, sondern ***verändert euer Wesen durch die Erneuerung eures Sinnes,*** **um prüfen zu kön-**

nen, was der Wille Gottes sei, der gute und wohlgefällige und vollkommene.

Jakobus 1, 21–22 u. 25

21 Darum leget allen Schmutz und Vorrat von Bosheit ab und nehmet mit Sanftmut das euch eingepflanzte Wort auf, welches eure Seelen retten (sozo) **kann!**

22 Seid aber Täter des Wortes und nicht Hörer allein, womit ihr euch selbst betrügen würdet.

25 Wer aber hineinschaut in das vollkommene Gesetz der Freiheit und dabei bleibt, nicht als vergeßlicher Hörer, sondern als wirklicher Täter, der wird selig sein in seinem Tun.

Das griechische Wort "sozo", das in Vers 21 gebraucht wird, bedeutet: "retten, befreien, beschützen; heil, ganz oder gesund machen." Gottes Wort, das wir in unser Herz aufnehmen, hat die Kraft, unsere Seele zu retten, heil und ganz zu machen. Aber wir dürfen uns nicht selbst betrügen, sondern müssen Täter des Wortes sein, denn erst dann wird diese "rettende" Kraft freigesetzt.

Diesen Prozeß der Erneuerung des Sinnes bezeichnete Johannes als Wohlergehen im seelischen Bereich (3. Joh. 2). Der Schlüssel zum Wohlstand oder Wohlergehen der Seele ist also das Wort Gottes, das unser Leben verändert, erneuert und umgestaltet.

Psalm 19, 8

8 Das Gesetz des Herrn ist vollkommen und erquickt die Seele...

Wir lernen Gott, Sein Wesen und Seinen Willen durch Sein Wort kennen. Es hängt also von uns ab, wie schnell der Prozeß der Sinneserneuerung in unserem Leben voranschreitet. Wenn wir Gott lieben und unsere Lust an Seinem Wort haben, werden wir rasch an Erkenntnis und Kraft zunehmen. Wir werden die kostbaren Verheißungen in Gottes Wort entdecken und lernen, wie wir sie im Glauben empfangen können. So werden wir erleben, daß der Herr für jeden Bereich unseres Lebens Vorsorge getroffen hat.

Kapitel 3

Drei Schlüssel Gottes

In den ersten beiden Kapiteln haben wir herausgefunden, wie wichtig es für unser persönliches Wachstum im Glauben ist, daß wir Gottes Wort kennenlernen und als höchste Autorität in unserem Leben annehmen. Nun wollen wir drei Elemente betrachten, die in unserem Leben auf keinen Fall fehlen sollten. Wir finden diese drei wertvollen Schlüssel in Gottes Wort.

Paulus betete, inspiriert vom Heiligen Geist, für die Gemeinde in Kolossä:

> **Kolosser 1, 9–10**
> **9 Weshalb wir auch von dem Tage an, da wir es vernommen haben, nicht aufhören, für euch zu beten und zu bitten, daß ihr erfüllt werdet mit der ERKENNTNIS Seines Willens in aller geistlichen WEISHEIT und EINSICHT,**
> **10 damit ihr des Herrn würdig wandelt zu allem Wohlgefallen: in allem guten Werk fruchtbar und in der Erkenntnis Gottes wachsend...**

Weisheit, Erkenntnis und Einsicht befähigen uns, *"des Herrn würdig zu wandeln"* (Vers 10). Was bedeutet es, des Herrn würdig zu wandeln?

Wir wollen zunächst die negative Seite betrachten. Ist es "des Herrn würdig", wenn wir keine Frucht bringen und alle unsere Handlungen fehlschlagen? Gewiß nicht! Wenn wir dagegen in "allem guten Werk fruchtbar sind und in der Erkenntnis Gottes wachsen", verherrlichen wir den Herrn durch unseren Wandel und die Werke, die wir in Seinem Namen tun. Wir lernen Gott mehr und mehr als Quelle unserer Versorgung kennen und leiden deshalb keinen Mangel. Das ist Gottes Beschreibung von Wohlstand!

Um die ganze Fülle, die in dieser Wahrheit enthalten ist, zu verstehen, wollen wir die Bedeutung dieser drei Begriffe etwas genauer betrachten.

Erkenntnis: Die Wahrheit, die wir erkennen, wenn wir das Wort Gottes studieren und darüber nachsinnen.

Einsicht: Das Wissen, wie wir die empfangene Erkenntnis aus Gottes Wort in unserem täglichen Leben anwenden können.

Weisheit: Hier ist nicht von natürlicher Weisheit die Rede, die aus reicher Erfahrung folgt. Die Weisheit aus Gottes Wort ist vielmehr die Fähigkeit, das Ergebnis zu sehen, das durch Erkenntnis und Einsicht entsteht, *bevor* es eingetroffen ist.

In unserem täglichen Leben wirken diese drei Elemente folgendermaßen zusammen: Wir entdecken eine Verheißung in Gottes Wort (Erkenntnis). Während wir über das Wort nachsinnen, zeigt uns der Heilige Geist, wie wir im Glauben an Gottes Wort handeln können, um die Verheißung in unserem Leben zu empfangen (Einsicht). Wir wissen bereits, welche Auswirkungen unser Handeln nach Gottes Wort haben wird, bevor wir den Glaubensschritt unternommen haben (Weisheit).

Das Wort Gottes betont nicht nur in diesem Fürbittegebet des Paulus, sondern auch viele Male in den Sprüchen, wie bedeutungsvoll und wichtig diese drei Elemente sind. Wir wollen dazu nur einige Schriftstellen zitieren.

Sprüche 2, 6 (Luther)
6 Denn der Herr gibt Weisheit, und aus seinem Munde kommt Erkenntnis und Einsicht.

Sprüche 3, 13
13 Wohl dem Menschen, der Weisheit FINDET...

Wenn wir nicht in Gottes Wort nach Weisheit, Erkenntnis und Einsicht *suchen*, können wir sie natürlich auch nicht finden.

Sprüche 3, 14–15
14 Denn ihr Erwerb (hier ist die Rede von Weisheit) **ist besser als Gelderwerb, und ihr Gewinn geht über feines Gold.**
15 Sie ist kostbarer als Perlen, und alle deine Schätze sind ihr nicht zu vergleichen.

Wenn wir an dieser Stelle mit dem Lesen aufhören, könnten wir leicht schlußfolgern, daß die Verheißungen Gottes sich nur auf geistliche Segnungen beziehen und für unsere natürlichen, materiellen Bedürfnisse keine Vorsorge getroffen wurde. Doch im weiteren Verlauf des Textes werden wir eines Besseren belehrt:

Sprüche 3, 16–18
16 In ihrer Rechten ist langes Leben, in ihrer Linken Reichtum und Ehre.
17 Ihre Wege sind liebliche Wege und alle ihre Pfade Frieden.
18 Sie ist ein Baum des Lebens denen, die sie *ergreifen*; und wer sie *festhält*, ist glücklich zu preisen.

Gott hat uns nicht nur geistlichen Segen zugesagt, sondern auch langes Leben, Reichtum und Ehre werden sich einstellen, wenn wir die Prioritäten richtig setzen. Er ist die Quelle der Versorgung für jeden Bereich unseres Lebens. Halleluja!

Doch wie alle Segnungen Gottes ist auch diese Verheißung an eine Voraussetzung geknüpft. Vers 18 weist uns an, "sie" – die Weisheit – *zu ergreifen und festzuhalten*, das heißt, in unserem Leben *anzuwenden*. Diese Aussage ist eine weitere Bestätigung für das Fundament, das wir bereits gelegt haben: Habe deine Lust, deine Wonne, an Gottes Wort, und aus dieser Liebe zu Seinem Wort heraus wirst du danach streben, alles zu tun, was darin geschrieben steht! Wenn du dich daran hältst, wirst du lange leben und mit Reichtum und Ehre gesegnet sein.

Dabei dürfen wir jedoch niemals vergessen, daß Gott auf unser Herz sieht. Wir können die Prinzipien Gottes nicht mechanisch anwenden, weil wir insgeheim nach Reichtum und Ehre verlangen.

Vor einer solchen Einstellung warnte Gott Josua eindringlich: *"... weiche nicht davon, weder zur Rechten noch zur Linken ..."* (Jos. 1,7).

Wir haben bereits in Spr. 3,16 gelesen, was *zur Rechten und zur Linken* der Weisheit zu finden ist – langes Leben, Reichtum und Ehre! Der Herr machte Josua bewußt, wie wichtig es für sein Wohlergehen war, daß seine ungeteilte Aufmerksamkeit auf Gott und Sein Wort gerichtet blieb. Josua sollte sich davor hüten, nach den Segnungen Gottes zu trachten und dabei Gott aus den Augen zu verlieren und zu vergessen.

Leider tappen viele Gläubige heute in diese Falle, vor der das Wort Gottes uns so eindringlich warnt. Statt Gott und Sein Wort zu lieben und daran festzuhalten, trachten viele nach Heilung oder Wohlstand. Es gibt etliche Beispiele dafür, daß Christen aus diesem Grund im finanziellen Ruin gelandet sind. Dabei war es niemals der Wille Gottes gewesen, daß sie Schiffbruch erleiden!

Auch das Neue Testament weist uns auf die Gefahren des Reichtums hin.

1. Timotheus 6, 9–10
9 Denn die, welche reich (finanzieller Wohlstand) **werden wollen** (gr.: gelüsten nach), **fallen in Versuchung und Schlingen und viele törichte und schädliche Lüste, welche die Menschen in Verderben und Untergang stürzen.**
10 Denn die Geldgier (nicht das Geld an sich, sondern die Geldgier, die Liebe zum Geld) **ist eine Wurzel aller Übel; etliche, die sich ihr hingaben, sind vom Glauben abgeirrt** (sie haben das Wort Gottes verlassen) **und haben sich selbst viel Schmerzen verursacht.**

Wir sollten uns diese Warnungen zu Herzen nehmen, damit wir nicht vom richtigen Weg abkommen und uns somit selbst Leid zufügen. Auf der anderen Seite sollten wir uns auch nicht entmutigen lassen, sondern die Segnungen empfangen, die Jesus am Kreuz von Golgatha für uns erkauft hat. Wenn Jesus Sein Blut vergossen hat, um uns Zutritt zu den Segnungen Gottes zu verschaffen, sollten wir sie demütig und mit Freude annehmen.

Unser Verlangen ist jedoch, den Herrn kennenzulernen – und nicht in erster Linie Seine Gaben. Wir streben nicht nach Reichtum und Ehre, sondern nach der Offenbarwerdung Seines Wesens in uns. Wenn wir zuerst nach Gottes Reich und Seiner Gerechtigkeit trachten, wird uns solches alles hinzugelegt werden.

Matthäus 6, 33
33 Trachtet aber zuerst nach dem Reiche Gottes und nach seiner Gerechtigkeit, so wird euch solches alles hinzugelegt werden.

Wenn wir im nächsten Kapitel unser Studium über Wohlstand fortsetzen, werden wir die Wege Gottes kennenlernen, die uns die Pfade des Friedens und der Gerechtigkeit sind, auf denen uns der gute Hirte leitet, damit es uns an nichts mangelt.

Kapitel 4

Macht euch Freunde mit dem Mammon!

Viele Gläubige denken, daß Jesus niemals über Geld gesprochen hat, oder wenn, dann nur, um Armut zu verherrlichen. Doch solche Ansichten entsprechen nicht der Wahrheit. Du wirst in der Bibel keine Stelle finden, in der Armut als Segnung Gottes bezeichnet wird. Für Jesus bestand kein Zweifel, daß Armut eine Auswirkung des Fluches ist; sie raubt den Menschen ihre Freude, ihren Frieden und unter Umständen auch ihre Gesundheit, ja sogar das Leben.

Wenn wir die Evangelien studieren, werden wir feststellen, daß Jesus verhältnismäßig viel Zeit damit verbrachte, über den Umgang mit finanziellen Mitteln zu lehren. Er betonte stets die Wichtigkeit der richtigen Verwaltung von Finanzen. Nicht sie sollten uns beherrschen, sondern umgekehrt!

"Ihr könnt nicht Gott dienen und dem Mammon", ist eine bekannte Aussage aus dem Munde Jesu. Was meinte Er damit? Wir wollen dazu den ganzen Textzusammenhang lesen:

Lukas 16, 1–13

1 Er sagte aber auch zu den Jüngern: Es war ein reicher Mann, der hatte einen Haus-

halter; und dieser wurde bei ihm verklagt,-
daß er ihm seine Güter verschleudere.
2 Und er rief ihn zu sich und sprach zu ihm:
Was höre ich da von dir? Lege Rechnung ab
von deiner Verwaltung; denn du kannst hin-
fort nicht mehr Haushalter sein!
3 Da sprach der Haushalter bei sich selbst:
Was soll ich tun, da mein Herr mir die Ver-
waltung nimmt? Graben kann ich nicht; zu
betteln schäme ich mich.
4 Ich weiß, was ich tun will, damit sie mich,
wenn ich der Verwaltung enthoben bin, in
ihre Häuser aufnehmen.
5 Und er rief einen jeden der Schuldner sei-
nes Herrn zu sich und sprach zu dem ersten:
Wieviel bist du meinem Herrn schuldig?
6 Der sprach: Hundert Bat Öl. Und er
sprach zu ihm: Nimm deinen Schuldschein,
setze dich und schreibe flugs fünfzig!
7 Darnach sprach er zu einem andern: Du
aber, wieviel bist du schuldig? Der sagte: Hun-
dert Kor Weizen. Und er spricht zu ihm: Nimm
deinen Schuldschein und schreibe achtzig.
8 *Und der Herr lobte den ungerechten Haus-*
halter, daß er klug gehandelt habe. Denn die
Kinder dieser Welt sind ihrem Geschlecht ge-
genüber klüger als die Kinder des Lichts.
9 Auch ich sage euch: Machet euch Freun-
de mit dem ungerechten Mammon, auf daß,
wenn er euch ausgeht, sie euch aufnehmen
in die ewigen Hütten.
10 Wer im Kleinsten treu ist, der ist auch im
Großen treu; und wer im Kleinsten unge-
recht ist, der ist auch im Großen ungerecht.
11 Wenn ihr nun in dem ungerechten Mam-

mon nicht treu waret, wer wird euch das Wahre anvertrauen?
12 Und wenn ihr mit dem fremden Gut nicht treu waret, wer wird euch das Eure geben?
13 ***Kein Knecht kann zwei Herren dienen; denn entweder wird er den einen hassen und den andern lieben, oder er wird dem einen anhangen und den andern verachten. Ihr könnt nicht Gott dienen und dem Mammon!***

Hat dich die Aussage in Vers 8 in Erstaunen versetzt? *"Und der Herr lobte(!) den ungerechten Haushalter..."* Es ist kaum zu fassen! Was dieser Mann getan hatte, war ganz offensichtlich Betrug! Sollte der Hausherr ein derartiges Verhalten nicht eher zurechtweisen?

Wenn wir jedoch den ganzen Vers aufmerksam lesen, sehen wir, warum sein Herr den ungerechten Haushalter gelobt hatte. *"Und der Herr lobte den ungerechten Haushalter,* ***daß er klug gehandelt habe.*** *Denn die Kinder dieser Welt sind ihrem Geschlecht gegenüber klüger als die Kinder des Lichts."*

Jesus wollte Seinen Jüngern hier ein grundlegendes Prinzip verdeutlichen. Der Hausherr hatte nicht die Handlungsweise seines Verwalters gutgeheißen, sondern er lobte die Tatsache, daß der ungerechte Haushalter sich zu helfen wußte. Der Verwalter und sein Herr gehörten beide demselben Reich an. Sie waren Kinder dieser Welt, deren Devise lautete: "Jeder ist sich selbst der Nächste" – mit anderen Worten: "Nimm alles, was du kriegen kannst."

Nach diesem ungeschriebenen Gesetz hatte

auch der Verwalter gehandelt. Er wußte die Gesetzmäßigkeiten des Systems, unter dem er lebte, zu seinen Gunsten einzusetzen. Als Schwierigkeiten auftraten, griff er sofort zu den ihm bekannten Mitteln. Er setzte sie ungeniert und hemmungslos ein, um seine eigenen egoistischen Ziele zu erreichen. Dies war in seinen Kreisen die übliche Handlungsweise.

"Ich weiß, was ich tun will...", sagte er. Die Kinder des Lichts (die Gläubigen) dagegen sind oftmals unschlüssig, welche Gesetzmäßigkeiten im Reich Gottes gelten. Darauf kam es Jesus in diesem Gleichnis an. Es entspricht nicht dem Willen Gottes, daß die Gläubigen händeringend resignieren, wenn sich Probleme vor ihnen auftürmen. Doch leider ist gerade das oftmals der Fall, weil viele Christen nicht mit den Wegen und Prinzipien Gottes vertraut sind. Deshalb tappen sie hilflos im Dunkeln, wenn sie mit widrigen Umständen konfrontiert werden. Dabei sollten sie vielmehr mit Weisheit, Erkenntnis und Einsicht erfüllt sein und Gott durch ihre Werke verherrlichen.

In Vers 9 des Gleichnisses offenbart Jesus den Jüngern, welche Gesetzmäßigkeiten in Seinem Reich gültig sind: *"**Auch ich sage euch:** Machet euch Freunde mit dem ungerechten Mammon* (Hier ist tatsächlich die Rede von Geld!), *auf daß, wenn er euch ausgeht, sie euch aufnehmen in die ewigen Hütten."* Welch eine Aussage für die Gemeinde!

Wer sind unsere Freunde? In Joh. 15,14 wendet Sich Jesus an Seine Jünger: *"Ihr seid meine*

Freunde...", und im nächsten Vers wiederholt Er noch einmal: *"Ich nenne euch nicht mehr Knechte; ...euch aber habe ich Freunde genannt..."* Jeder Gläubige, der den Willen Gottes tut, ist ein Freund Jesu und somit auch unser Freund.

Als Jesus also sagte: *"Machet euch Freunde mit dem ungerechten Mammon",* meinte Er damit nichts anderes als: "Geht in alle Welt und predigt das Evangelium aller Kreatur". Wenn die Menschen das Wort annehmen und Jünger Jesu werden, sind sie unsere und auch Jesu Freunde! Gott hat uns demnach aus einem ganz bestimmten Grund Wohlstand verheißen: **Er möchte uns durch Seinen Segen befähigen, die Verlorenen in der Welt mit der Botschaft des Evangeliums zu erreichen!**

In Vers 9 spricht Jesus davon, daß *sie* uns in die "ewigen Hütten" aufnehmen würden, wenn dieses Leben zu Ende ist. Wer ist mit "sie" gemeint? Jesus bezieht Sich hier auf die Freunde, die wir durch die Verkündigung des Evangeliums gewonnen haben. Im Himmel werden sie uns dann einmal begegnen und uns dafür dankbar sein, daß wir unseren Wohlstand eingesetzt und ihnen somit die Möglichkeit gegeben haben, das Wort des Lebens zu empfangen. Ich finde diese Tatsache begeisternd!

Lukas 16, 10–12
10 Wer im KLEINSTEN treu ist, der ist auch im Großen treu; und wer im Kleinsten ungerecht ist, der ist auch im Großen ungerecht.
11 Wenn ihr nun in dem ungerechten Mam-

mon nicht TREU waret, wer wird euch das WAHRE anvertrauen?
12 Und wenn ihr mit dem fremden Gut nicht treu waret, wer wird euch das Eure geben?

Jesus definiert in Vers 11, was Er im vorhergehenden Vers als das "Kleinste" bezeichnet hat – den ungerechten Mammon. Was ist nun das "Wahre"? Hier spricht Jesus von Dingen, die man nicht mit Geld kaufen kann – die Kraft Gottes, die Salbung des Heiligen Geistes, Weisheit und den Frieden Gottes...

Jetzt denkst du vielleicht, daß man sich die Segnungen Gottes kaufen kann. Doch das wollte uns Jesus durch dieses Gleichnis keineswegs vermitteln. Die Wahrheit ist, daß wir die Kraft Gottes nicht erleben werden, wenn wir Seine Wege hinsichtlich des finanziellen Bereichs (des "Kleinsten") nicht kennen. Wenn wir im Kleinsten treu sind, wird Er uns das "Wahre" anvertrauen.

Lukas 16, 13
13 Kein Knecht kann zwei Herren dienen; denn entweder wird er den einen hassen und den andern lieben, oder er wird dem einen anhangen und den andern verachten. Ihr könnt nicht Gott dienen und dem Mammon!

Dieses Gleichnis hat uns gelehrt, warum Gott uns Wohlstand gibt: Es ist Sein Wille, daß wir als Seine Kinder klüger sind als die Kinder dieser Welt, die nach Reichtum und materiellen Gütern streben. Wir dagegen trachten danach, Gottes Willen auf dieser Erde auszuführen. Wenn wir gelernt haben, wie wir im Glauben den Wohlstand Gottes empfangen können, erweisen wir uns als treue Verwalter Gottes, die mit Seiner Weisheit die ihnen anvertrauten Mittel kühn einsetzen. Wir sollen nicht von dem ungerechten Mammon beherrscht werden, sondern ihn dazu benutzen, das Evangelium auf der ganzen Welt zu verkündigen, um so viele Menschen wie möglich dem Reich der Finsternis zu entreißen.

Die Kraft, Reichtum zu erwerben

5. Mose 8, 18
18 Sondern du sollst des Herrn, deines Gottes, gedenken; denn er ist es, der dir Kraft gibt, solchen Reichtum zu erwerben; auf daß er seinen Bund aufrechterhalte, den er ***deinen Vätern*** **geschworen hat, wie es heute geschieht.**

In diesem Vers offenbart uns der Herr ein weiteres Mal Seinen Plan hinsichtlich finanzieller Mittel. Er gibt uns durch Sein Wort die Fähigkeit, Reichtum zu erwerben, damit Er Seinen Bund aufrechterhalte. Dazu wollen wir kurz betrachten, welchen Bund Gott mit Abram, einem der Väter Israels, geschlossen hatte:

1. Mose 12, 3
3 Ich will segnen, die dich segnen, und verfluchen, die dir fluchen; und ***durch dich sollen alle Geschlechter auf Erden gesegnet werden*****!**

1. Mose 17, 1–7

1 Als nun Abram neunundneunzig Jahre
alt war, erschien ihm der Herr und sprach zu
ihm: Ich bin der allmächtige Gott. Wandle
vor mir und sei tadellos!
2 Und ich will meinen Bund stiften zwi-
schen mir und dir und will dich über alle Ma-
ßen mehren!
3 Da fiel Abram auf sein Angesicht. Und
Gott redete weiter mit ihm und sprach:
4 Siehe, ich bin der, welcher im Bunde mit
dir steht; und du sollst ein Vater vieler Völ-
ker werden.
5 Darum sollst du nicht mehr Abram hei-
ßen, sondern Abraham soll dein Name sein;
denn ich habe dich zu einem Vater vieler
Völker gemacht.
6 Und ich will dich sehr, sehr fruchtbar ma-
chen und will dich zu Völkern machen, auch
Könige sollen von dir herkommen.
7 Und ich will meinen Bund aufrichten zwi-
schen mir und dir und deinem Samen nach
dir von Geschlecht zu Geschlecht, *daß es ein*
***ewiger Bund sei*; also, daß ich dein Gott sei**
und deines Samens nach dir.

Gott hatte mit Abraham einen ewigen Bund geschlossen. Gottes Absicht war, daß durch Abraham alle Geschlechter der Erde gesegnet werden sollten, denn aus seinem Samen würde der Messias, der Retter der Welt, kommen.

Wir sind in diesen Bund mit Gott eingetreten, als wir Jesus Christus als unseren Herrn und Erlöser angenommen haben. Doch dazu mußten wir zunächst einmal die Frohe Botschaft gehört haben, daß Gott Seinen Sohn gesandt hat, damit jeder, der an Ihn glaubt, gerettet werde. Die Bibel sagt, daß es unmöglich ist zu glauben, wenn man nicht gehört hat.

Römer 10, 13–15
13 ... denn »wer den Namen des Herrn anrufen wird, der soll gerettet werden«.
14 Wie sollen sie ihn aber anrufen, wenn sie nicht an ihn glauben? Wie sollen sie aber glauben, wenn sie nichts von ihm gehört haben? Wie sollen sie aber hören ohne Prediger?
15 Wie sollen sie aber predigen, wenn sie nicht ausgesandt werden?

Damit sind wir wieder bei unserem Punkt angelangt: Wodurch wird so oft die Verkündigung des Evangeliums eingeschränkt? Wodurch werden Diener Gottes oftmals behindert, das Evangelium in dem Maß zu verbreiten, wie der Herr es ihnen aufgetragen hat?

Die Antwort ist einfach – sie haben nicht die nötigen Mittel, um die Kosten zu decken, die die Verkündigung des Evangeliums erfordert. Das entspricht in keinster Weise dem Willen des Herrn! Er wünscht Sich, daß alle Menschen gerettet werden und zur Erkenntnis der Wahrheit kommen (1. Tim. 2,4). Aus diesem Grund hat Er uns – dem Volk Gottes – die Kraft gegeben, Reichtum zu erwerben, damit wir im materiellen Bereich völlig ungebunden sind und Seinen Willen – die Verkündigung des Evangeliums – ausführen können.

Wenn diese Wahrheit in deinem Herzen nicht fest gegründet ist, wirst du dem Thema Wohlstand mit den falschen Motiven begegnen.

Als Pastor habe ich beobachtet, wie einige Christen törichte Fehler begangen haben. Sie hatten sich vorgenommen, "etwas" für den Herrn zu tun, doch da sie nicht nach den Anweisungen des Wortes handelten, griffen sie unweigerlich auf weltliche Geschäftsprinzipien zurück, um schnell zu Geld zu kommen. Jeder erwartete, daß Gott ihre Arbeit segnen würde, denn sie hatten ja die Absicht, das Geld für die Verbreitung des Evangeliums zu spenden, doch wenn ihre Bemühungen nicht auf dem Wort Gottes basieren, werden sie in ihrem Tun nicht erfolgreich sein, und Gottes Segen stellt sich nicht ein.

Die Wahrheiten des Wortes Gottes sind kein Lotteriespiel, das Menschen über Nacht zum Millionär macht. Es handelt sich vielmehr um einen steten Wachstumsprozeß, und wenn wir im Kleinen treu sind, werden wir über mehr gesetzt.

Gott hält Ausschau nach einem Volk, dem Er vertrauen kann. Er sucht Menschen, die sich durch ihren Lebensstil als treu erweisen und den Anweisungen in Gottes Wort gehorchen.

1. Samuel 15, 22

22 Samuel aber sprach: Hat der Herr Wohlgefallen an Opfern und Brandopfern gleichwie am Gehorsam gegen die Stimme des Herrn? Siehe, Gehorsam ist besser denn Opfer und Aufmerken besser als das Fett von Widdern!

Der Gehorsam aus Glauben setzt die Kraft Gottes frei. Der Herr kann uns natürlich inspirierte Ideen geben, um finanzielle Mittel für das Reich Gottes zu erwirtschaften; doch darin liegt nicht das Geheimnis der Kraft, Reichtum zu erwerben. Diese Fähigkeit stellt sich nur ein, wenn wir...

1. ...studieren, was das Wort Gottes über Treue hinsichtlich Finanzen zu sagen hat.
2. ...das Wort Gottes in unserem täglichen Leben anwenden.
3. ...unsere Finanzen stets treu in Übereinstimmung mit Gottes Wort verwalten.

Das Wort Gottes vermittelt uns klare Richtlinien, wie wir die Fülle der Segnungen Gottes in unserem persönlichen Leben empfangen können. Deshalb wollen wir im folgenden diese ganz praktischen Anweisungen etwas ausführlicher studieren.

Kapitel 5

Der Zehnte –

Gesetzeserfüllung oder Ausdruck des Glaubens?

Viele Christen verstehen heutzutage nicht, warum sie dem Herrn ihren Zehnten darbringen sollen. Sie betrachten die Weihe des Zehnten lediglich als eine alttestamentliche Gesetzesvorschrift, die nicht mehr auf sie zutrifft. Als Gläubige wissen sie, daß sie durch das Erlösungswerk Jesu vom Gesetz befreit worden sind, doch sie dürfen dabei nicht die Tatsache übersehen, daß das Geben des Zehnten nicht unter dem mosaischen Gesetz eingeführt wurde.

Als Abram im 1. Mose 14,19 dem Herrn zum ersten Mal den Zehnten darbrachte, tat er dies nicht, weil ihm dies als Gebot auferlegt worden wäre. Es war vielmehr die Handlung eines Mannes, der Gott aus Glauben und Anbetung den zehnten Teil seines Besitzes weihte, als er erkannt hatte, wie mächtig sein Gott ist. Er wollte damit aufzeigen, daß sein ganzer Besitz Gott gehörte und er alles, was er besaß, aus der Hand Gottes empfangen hatte.

Diese bezeichnende Begebenheit fand bereits 400 Jahre vor der Einführung des mosaischen Gesetzes statt.

Abraham, der Vater des Glaubens

Als junger Christ hatte ich oftmals die Aussage gehört: "Du mußt Gott unbedingt deinen Zehnten geben; wenn du es nämlich nicht tust, wird Er dich verfluchen."

Da ich mir keinesfalls den Fluch Gottes zuziehen wollte, begann ich gehorsam die "Rechnung" zu bezahlen, die ich Gott schuldete. Als ich verheiratet war, behielten wir selbstverständlich diese "christliche Verpflichtung" bei, denn wir wollten keine von Gott verfluchte Familie sein, die dem Herrn ihre Zehntgaben vorenthielt.

Gemeinsam mit meiner Frau Mirjana las ich immer wieder in der Bibel von den Segnungen Gottes, die denen verheißen waren, die Gott ihre "Schulden" oder "Gelübde" bezahlten: *"Opfere Gott Dank und bezahle dem Höchsten deine Gelübde; und rufe mich an am Tage der Not, so will ich dich erretten..."* (Ps. 50,14-15).

Ständig waren wir damit beschäftigt, Gott unsere Gelübde zu bezahlen und unsere Schuld abzutragen. Dabei hatten wir jedoch ein Problem, vor dem immer wieder viele Christen stehen: Wir konnten zwar die Segnungen sehr leicht in der Bibel entdecken, doch sie wurden leider nicht zur Realität in unserem persönlichen Leben. Es schien sogar eher so, daß wir umso ärmer wurden, je mehr wir uns abmühten.

Im Sommer 1980 trug der Herr uns auf, unser Hab und Gut zusammenzupacken und nach Deutschland umzuziehen. Wir hatten keine Ahnung, was uns dort erwartete. Als wir in Deutschland ankamen, waren 50 Dollar und einige Koffer mit unseren persönlichen Dingen unser ganzer Besitz. Wir wurden weder von amerikanischen Gemeinden unterstützt noch hatten wir eine feste Einkommensquelle in unserer neuen Heimat in Aussicht.

Diese Situation bewirkte in mir eine drastische Veränderung – ich fing an, den Herrn ernstlich im Gebet zu suchen und nicht nur "christliche Verhaltensweisen" nachzuahmen. Dank sei Gott für den Heiligen Geist, denn Er führt uns in alle Wahrheit!

Als ich also betete und den Herrn wegen unserer finanziellen Not um Rat fragte, inspirierte mich der Heilige Geist, ein Studium über das Geben des Zehnten zu beginnen. Dabei stellte ich fest, daß ich weder verstanden hatte, warum wir Gott unsere Zehntgaben darbringen sollen, noch hatte ich Gott mit diesen Gaben geehrt. Meine Beweggründe waren Furcht und Gesetzlichkeit gewesen, statt es aus Dankbarkeit und im Glauben zu tun. Auf diese Weise hatte ich mir selbst wieder den Fluch auferlegt, den das Gesetz mit sich bringt – und war so mein eigener Feind geworden. Ich hatte mich selbst vom Segen Gottes abgeschnitten!

Durch das Studium von Gottes Wort lernte ich schließlich die Wahrheit kennen, und sie machte mich frei.

Zunächst führte mich der Heilige Geist zum 1. Buch Mose, Kapitel 14. Hier berichtet die Bibel zum ersten Mal über die Weihe des Zehnten.

Wenn in der Schrift ein Ereignis erstmals erwähnt wird, werden uns anhand dieser erstmaligen Begebenheit geistliche Wahrheiten offenbart, die für die weitere Erwähnung in Gottes Wort wichtig sind.

Bevor wir die entsprechenden Schriftstellen zitieren, wollen wir zunächst kurz zusamenfassen, was sich zu jener Zeit abspielte.

Im 1. Mose 11 wird uns ein Mann namens Abram vorgestellt. Er war ein Freund Gottes, der Seiner Führung im Glauben vertrauen mußte und sich nicht auf ein niedergeschriebenes Gesetz berufen konnte, denn zu der Zeit gab es das mosaische Gesetz noch nicht.

Eines Tages wird Abram von Gott ("Jahwe" als dem aus Sich selbst existierenden Herrn, der Sich selbst offenbart) dazu berufen, seine Heimat zu verlassen und im Glauben an einen Ort zu ziehen, den der Herr ihm noch zeigen würde.

Nachdem sich Abram auf den Weg gemacht hatte, teilte der Herr ihm Schritt für Schritt Seinen Plan mit.

Abram gehorchte dem Herrn zunächst nicht völlig, denn Er hatte ihm aufgetragen: *"Geh aus von deinem Land und* ***von deiner Verwandtschaft*** *und von deines Vaters Hause in das Land, das ich dir zeigen will! So will ich dich zu einem großen Volke machen und dich segnen und dir einen großen Namen machen, und du sollst ein Segen sein"* (1. Mose 12,1-2).

"Da ging Abram, wie der Herr zu ihm gesagt hatte, ***und Lot ging mit ihm****. . ."* (Vers 4).

Ist dir aufgefallen, worin Abram dem Wort

des Herrn nicht völlig gehorcht hatte? Er nahm einige Mitglieder seiner Familie mit – seinen Neffen Lot und dessen Angehörige –, obwohl der Herr ihm aufgetragen hatte, auch seine Verwandtschaft zu verlassen. Dies brachte Abram später in große Schwierigkeiten, wie wir gleich noch sehen werden. Daraus können wir entnehmen, daß jede Einzelheit des Planes Gottes wichtig ist, wenn wir die Fülle der Segnungen Gottes erfahren möchten.

In Kapitel 13 lesen wir, daß sich die Wege Lots und Abrams aufgrund von Streit und Uneinigkeit trennen mußten. Einige Zeit später erfuhr Abram dann, daß sein Neffe Lot und dessen Familie von feindlichen Königen gefangengenommen worden waren. Abram nahm daraufhin seine kampferprobten Knechte mit sich und jagte den Feinden nach, die Lot in ihrer Gewalt hatten, und der Herr verhalf Abram zum Sieg! Wir wollen nun die Geschichte nach dem Ende dieser Schlacht weiterverfolgen:

1. Mose 14, 18–20a
18 Aber Melchisedek, der König von Salem, brachte Brot und Wein herbei. Und er war ein Priester Gottes, des Allerhöchsten.
19 Und er segnete ihn und sprach: Gesegnet sei Abram vom ***allerhöchsten Gott, dem Besitzer des Himmels und der Erde*** (El Elyon).
20 Und gelobt sei Gott, der ***Allerhöchste*** (El Elyon), **der deine Feinde in deine Hand geliefert hat!...**

An dieser Stelle findet eine Begegnung zwischen Abram und einem Mann statt, der uns im Neuen Testament als eine Symbolfigur für Jesus Christus – unseren Hohenpriester – vorgestellt wird: *"Denn dieser Melchisedek – König zu Salem, Priester Gottes, des Allerhöchsten... ohne Vater, ohne Mutter, ohne Geschlechtsregister, der weder Anfang der Tage noch Ende des Lebens hat –; der ist mit dem Sohne Gottes verglichen und bleibt Priester für immerdar"* (Hebr. 7,1-3).

Durch diese Begegnung sollte sich Abrams weiteres Leben von Grund auf verändern. Abram erkannte einen Teil des Wesens Gottes, der ihm bis dahin völlig unbekannt gewesen war. Zum ersten Mal offenbarte Sich Gott Seinem Freund Abram durch den Mund des Priesters Melchisedek unter dem Namen "EL ELYON" (allerhöchster Gott, Besitzer des Himmels und der Erde).

Abram wurde plötzlich klar, daß der Gott, der ihn von seiner Familie und seiner Heimat weggerufen hatte, der einzig wahre Gott war. Es gab keinen anderen Gott als El Elyon, dem Besitzer des Himmels und der Erde. Er erkannte mit aller Deutlichkeit, daß sein Gott der Gott war, der alle Dinge erschaffen hatte und dem die ganze Erde gehörte. Diese Offenbarung mußte Abram tief in seinem Herzen getroffen haben – der Herrscher, der über die ganze Schöpfung regierte, war auf seiner Seite. Diese wunderbare Erkenntnis erfüllte Abrams Herz mit Anbetung, Dankbarkeit und Ehrfurcht. Welch eine Offenbarung der Weisheit, Größe und Macht Gottes und seiner Beziehung zu dem allerhöchsten Gott mußte dies für Abram gewesen sein!

> **1. Mose 14, 20b**
> **20 ... Und Abram gab ihm** (Melchisedek) **DEN ZEHNTEN VON ALLEM.**

> **1. Mose 14, 22**
> **22 Abram sprach zum König von Sodom: Ich hebe meine Hand auf zu dem Herrn, dem** ***allerhöchsten Gott, dem Besitzer des Himmels und der Erde*** (El Elyon)**...**

Was wollte Abram durch die Weihe des Zehnten zum Ausdruck bringen?

Abram zeigte Gott dadurch, wie er in seinem Herzen empfand. Es war ein Zeichen seiner Anbetung, seines Glaubens und seiner Ehrfurcht. Die Handlung Abrams war eine Reaktion auf seine Erkenntnis Gottes und hatte nicht das geringste mit einem Gesetz oder einer Pflichterfüllung zu tun.

In der Begegnung Abrams mit Melchisedek ist noch ein weiterer wichtiger Aspekt enthalten: Als Melchisedek Brot und Wein herbeibrachte, hatte dies eine ganz bestimmte Bedeutung. Woran erinnern uns diese beiden Elemente heute? Für uns, die wir unter dem neuen Bund leben, besteht kein Zweifel, daß es sich hier um Symbole für den Leib und das Blut Jesu handelt.

Ich bin überzeugt, daß Abram an diesem Tag nicht nur besser als je zuvor verstand, wer sein Gott wirklich war, sondern daß er auch den Plan Gottes sowohl für sein Leben als auch für die Menschheit erkannte. Aus dem Samen Abrams würde eines Tages der Erlöser hervorkommen, dessen Erlösungswerk durch den Wein und das Brot symbolisiert wurde, und Er würde das zurückgewinnen, was eigentlich rechtmäßig Gott gehörte – die Erde und alles, was darauf war.

Jakob

Einige Jahre später hat Jakob, ein Enkel Abrahams, eine Begegnung mit Gott. Im 1. Mose 28,10-17 wird uns berichtet, wie Jakob sich auf den Weg nach Mesopotamien machte, denn er war auf der Flucht vor seinem Bruder Esau, der ihn töten wollte.

In dieser schweren Zeit im Leben Jakobs sprach der allmächtige Gott durch einen Traum zu ihm, in dem Er nicht nur den Ruf auf Jakobs Leben offenbarte, sondern ihn auch Seines Segens und Seines Schutzes versicherte. Er verhieß ihm, sein Gott zu sein, wie Er es bereits bei seinen Vätern Abraham und Isaak gewesen war.

Wir wollen sehen, was geschah, als Jakob von diesem Traum erwachte:

1. Mose 28, 18–22a
18 Und Jakob stand am Morgen früh auf und nahm den Stein, den er unter sein Haupt gelegt hatte, und richtete ihn auf zu einer Denksäule
19 und goß Öl oben darauf, und nannte diesen Ort Beth-El (Haus Gottes); **zuvor aber hieß die Stadt Lus.**
20 Und Jakob tat ein Gelübde und sprach: Wenn Gott mit mir sein und mich behüten will auf dem Wege, den ich reise, und mir will

Brot zu essen geben und Kleider anzuziehen,
21 und mich wieder mit Frieden heim zu meinem Vater bringt, so soll der Herr mein Gott sein;
22 und dieser Stein, den ich zur Säule aufgerichtet habe, soll ein Haus Gottes werden...

Als Jakob erkannt hatte, wie sich sein Leben durch Gottes Eingreifen verändern würde, entschied er sofort, daß von nun an der Herr sein Gott sein sollte. Außerdem vollzog sich eine dramatische Veränderung im Herzen Jakobs – er veränderte sich von einem eigennützigen Menschen, dem jedes Mittel recht war, um seine Ziele zu erreichen, zu einem gottesfürchtigen Mann, der Gottes Haus bauen wollte.

1. Mose 28, 22b
22 ...und von allem, was du mir gibst, ***WILL ich dir den Zehnten geben!***

Welch eine Aussage aus dem Munde Jakobs! Wie schon seine Väter vor ihm gab auch Jakob dem Herrn den Zehnten all seines Besitzes, nachdem er erkannt hatte, welche Beziehung er zu Gott hatte. Auch hier sehen wir wieder, daß er dies als freie Willensentscheidung und nicht als gesetzliche oder traditionelle Pflichterfüllung vollzog.

Sowohl im Falle Abrahams als auch bei Jakob war die Darbringung des Zehnten das Resultat der Erkenntnis, wer Gott wirklich ist. Diese Handlung des Glaubens folgte auf die innere

Überzeugung, daß sie durch die Beziehung mit dem allmächtigen Gott, dem Besitzer des Himmels und der Erde, dem aus Sich selbst heraus existierenden Gott, gesegnet waren.

Als der Heilige Geist mir diese Wahrheiten aufzeigte, verstand ich, warum der Segen Gottes bislang ausgeblieben war, obwohl ich regelmäßig meine Zehntgaben in die Gemeinde gebracht hatte. Abraham und Jakob hatten ihren Zehnten in völliger Glaubenszuversicht, mit Freude und der unerschütterlichen Gewißheit in ihrem Herzen gegeben, daß der Segen des Herrn auf ihnen ruhte und Er die Quelle ihres Lebens und ihrer Versorgung war. Mein Motiv dagegen war Furcht gewesen – die Angst davor, verflucht zu sein, wenn ich dem Herrn den Zehnten vorenthielt.

Nun fragst du vielleicht: "Hat Gott das Volk Israel denn nicht verflucht, weil es sich weigerte, Ihm die Zehntgaben darzubringen?"

Dazu wollen wir die Vorschriften für den Zehnten unter dem mosaischen Gesetz studieren, um herauszufinden, ob sie für uns heute eine Bedeutung haben.

Israel – ein warnendes Beispiel

Paulus schrieb an die Gemeinde in Korinth: *"Alles, was jenen* (dem Volk Israel) *widerfuhr, ist ein Vorbild und wurde zur Warnung geschrieben für uns, auf welche das Ende der Zeitalter gekommen ist"* (1. Kor. 10,11). Wie wir gesehen haben, gaben Menschen voller Glauben und aufgrund ihrer Erkenntnis Gottes 400 Jahre vor der Einführung des Gesetzes den Zehnten. Sie erklärten damit ihre Abhängigkeit von Gott und erfuhren so ständig die Segnungen und den Schutz Gottes. Da Gott wußte, daß nicht das ganze Volk Israel dieselbe tiefgreifende Erfahrung wie Abraham und Jakob gemacht hatte, gab Er Seinem Volk genaueste Vorschriften und Regelungen, um ihnen zu helfen, auf Seinen Wegen zu wandeln. Er versuchte Israel zu vermitteln, wie es die Segnungen Gottes empfangen konnte. Im 5. Mose 26 finden wir die Weihe des Zehnten, wie sie im Gesetz vorgeschrieben war:

> **5. Mose 26, 1–14**
> **1 Wenn du in das Land kommst, das dir der Herr, dein Gott,** ***zum Erbe gibt, und es einnimmst und darin wohnst,***
> **2 so sollst du** ***von den Erstlingen aller Früchte der Erde nehmen,*** **die du von deinem Lande bekommst, die der Herr, dein Gott, dir gibt, und sollst sie in einen Korb legen und an den Ort hingehen, den der Herr, dein Gott, erwählen wird,** ***daß sein Name daselbst wohne;***
> **3 und du sollst zu dem Priester kommen,** ***der zu der Zeit im Amt sein wird,*** **und zu ihm sagen: Ich** ***bezeuge*** **heute vor dem Herrn, deinem Gott,** ***daß ich in das Land gekommen bin,*** **von dem der Herr unsern Vätern geschworen hat, daß er es uns gebe!**
> **4 Und der Priester soll den Korb von deiner Hand nehmen und ihn vor dem Altar des Herrn, deines Gottes, niederlegen.**
> **5 Da sollst du anheben und** ***vor dem Herrn,***

deinem Gott, sagen: Mein Vater war ein hei-
matloser Syrer; der zog nach Ägypten hinab
und hielt sich daselbst mit wenig Leuten auf,
ward aber daselbst zu einem großen, star-
ken und zahlreichen Volk.
6 Aber die Ägypter behandelten uns
schlecht und bedrückten uns und gaben uns
schwere Arbeit auf.
7 Da schrien wir zum Herrn, dem Gott uns-
rer Väter. Und der Herr erhörte unsre Stimme
8 und sah unser Elend, unsre Mühsal und
Unterdrückung; und der Herr führte uns
aus Ägypten mit mächtiger Hand und mit
ausgerecktem Arm und mit gewaltigen,
furchtbaren Taten,
9 durch Zeichen und Wunder, und brachte
uns an diesen Ort und gab uns dieses Land,
10 das von Milch und Honig fließt. Und
nun siehe, da bringe ich die ersten Früchte
des Landes, das du mir, o Herr, gegeben
hast! – Und du sollst sie vor dem Herrn,
deinem Gott, niederlegen und vor dem
Herrn, deinem Gott, anbeten,
11 *und sollst fröhlich sein ob all dem Guten,*
das der Herr, dein Gott, dir und deinem Hause
gegeben hat, du und der Levit und der
Fremdling, der bei dir ist.
12 Wenn du den ganzen Zehnten deines
Ertrages zusammengebracht hast im dritten
Jahr, welches das Zehntenjahr ist, so sollst
du ihn dem Leviten, dem Fremdling, dem
Waislein und der Witwe geben, daß sie in
deinen Toren essen und satt werden;
13 Und du sollst vor dem Herrn, deinem
Gott, sprechen: Was geheiligt ist, habe ich

aus meinem Hause geschafft und es dem Leviten gegeben, dem Fremdling, dem Waislein und der Witwe, nach all deinem Gebot, das du mir geboten hast; ich habe deine Gebote nicht übergangen, noch vergessen.
14 ***Ich habe nicht davon gegessen*** **in meinem Leid und habe nichts davon verbraucht zu einem unreinen Zweck. Ich habe nichts davon gegeben für einen Toten; ich bin der Stimme des Herrn, meines Gottes, gehorsam gewesen und habe alles getan, wie du mir geboten hast.**

Wenn wir diesen Abschnitt der Bibel studieren, sehen wir, daß es Gottes Wille war, daß das Volk Israel sich stets daran erinnerte, daß es aus der Knechtschaft der Feinde befreit worden war und durch seine Beziehung mit dem wahren Gott vor allen anderen Nationen gesegnet war. Auch auf uns unter dem neuen Bund ist diese Aussage leicht übertragbar. Wenn wir dem Herrn unsere Zehntgaben darbringen, sollen auch wir daran denken, aus wessen Knechtschaft wir befreit wurden, bevor der Herr uns in Sein Reich versetzt hat.

In Kol. 1,12-13 lesen wir, daß wir aus dem Reich der Finsternis befreit und in das Reich des Sohnes Seiner Liebe versetzt worden sind. Wir befinden uns jetzt an dem Ort, wo Sein Name wohnt und wir die Segnungen Gottes empfangen können. Dieser Tatsache geben wir Ausdruck, wenn wir dem Herrn die Erstlingsfrüchte unseres Ertrages darbringen.

Außerdem sollten wir bei dieser Gelegenheit

unseren Wandel und unser Herz überprüfen (5. Mose 26,13-14). Wenn es notwendig ist, sollen wir Vergebung vom Herrn empfangen, damit unsere Gemeinschaft mit Ihm ungetrübt ist.

Wenn wir im 5. Mose 26 weiterlesen, sehen wir in Vers 15, wie Gott das Volk Israel aufforderte, kühn zu sein und die Versorgung und den Segen Gottes in Anspruch zu nehmen.

5. Mose 26, 15
15 Siehe herab von deiner heiligen Wohnung, vom Himmel, und segne dein Volk Israel und das Land, das du uns gegeben hast, wie du unsern Vätern geschworen hast; das Land, das von Milch und Honig fließt.

Ebenso wie das Volk Israel sollten auch wir als Volk Gottes die Zuversicht haben, daß Gott uns segnen *will*, denn das sollte das Gesetz der Weihe des Zehnten im Alten Testament zum Ausdruck bringen. Die Israeliten waren jedoch nicht in der Lage, über das Gesetz hinaus das Herz des Vaters zu erkennen, weil ihre Herzen verhärtet waren. Sie konnten nicht verstehen, daß es Gottes Verlangen ist, Sein Volk zu segnen und es mit Gutem zu überschütten.

Ein Volk wendet sich von Gott ab

In Maleachi, dem letzten Buch des Alten Testaments, berichtet die Bibel vom Abfall des Volkes Israel. Es hatte sich von Gottes Geboten (Seinem Wort) abgewandt und seine eigenen Wege eingeschlagen. In Seiner großen Gnade und Barmherzigkeit versuchte Gott Sein Volk zur Umkehr zu bewegen. Daraufhin stellte das Volk Israel dem Herrn eine überraschende Frage...

> **Maleachi 3, 7**
> **7 Seit den Tagen eurer Väter seid ihr von meinen Geboten abgewichen und habt sie nicht befolgt. Kehret um zu mir** (Wenn wir umkehren und wieder Täter des Wortes sind, bedeutet dies, daß unser Herz sich wieder Gott zugewendet hat)**, so will ich mich zu euch kehren, spricht der Herr der Heerscharen; aber ihr fragt: *»Worin sollen wir umkehren?«***

In anderen Worten fragten sie: "In welcher Hinsicht haben wir Deine Gebote nicht eingehalten und sind aus der Gemeinschaft mit Dir gewichen?" Gottes Antwort ist erstaunlich:

> **Maleachi 3, 8**
> **8 Soll ein Mensch Gott berauben, wie ihr mich beraubet? Aber ihr fragt: »Wessen haben wir dich beraubt?« Der Zehnten und der Abgaben!**

Hast du bemerkt, welche Offenbarung Gott dem Volk Israel vermittelte? Er erklärte, daß Israel Ihn verlassen hatte, weil es Ihm seine Opfer- und vor allem die Zehntgaben verweigert hatte. Auf die Frage Israels: *"Worin sollen wir umkehren?"* antwortete Gott ihnen: "Beraubt Mich nicht länger der Zehnten und der Abgaben."

Nun erhebt sich natürlich diese Frage: Wie kann ein Mensch Gott berauben, dem doch rechtmäßig die ganze Erde und alles, was auf ihr ist, gehört? Die Antwort darauf ist nicht schwer, wenn du weißt, wie sehr Gott Sich danach sehnt, Sein Volk zu segnen. Wenn wir uns weigern – sei es nun aus Furcht oder aus Mangel an Erkenntnis –, Gott durch unser Geben zu ehren, berauben wir Gott der Gelegenheit, uns zu beschenken. Gott ist nicht für Sich selbst auf unsere Gaben angewiesen; Er wünscht Sich vielmehr, daß Sein Volk Ihm vertraut und dies durch den Glaubensakt des Zehntengebens aufzeigt, damit Gottes Versorgung freigesetzt werden kann.

Maleachi 3, 9
9 Mit dem Fluch seid ihr belegt worden, denn mich habt ihr betrogen, ihr, das ganze Volk!

Gott sagt hier nicht, daß *Er* sie verflucht hatte, sondern Er weist darauf hin, daß sie sich selbst durch ihre Verhaltensweise unter einen Fluch begeben hatten. Die Interlineare Übersetzung deutet durch Klammern an, daß das Passiv im Originaltext fehlt: *"Ihr (seid) verflucht mit einem Fluch..."* Sie hatten aufgehört, Gott die Gelegenheit zu geben, sie zu segnen, und sich so selbst von der Quelle ihrer Versorgung abgeschnitten.

Was sollte das Volk Israel in dieser Situation nun tun?

Maleachi 3, 10
10 Bringet aber den Zehnten *ganz* in das

Kornhaus, auf daß Speise in meinem Hause sei, und PRÜFET MICH DOCH DADURCH, spricht der Herr der Heerscharen, ob ich euch nicht des Himmels Fenster auftun und euch Segen in überreicher Fülle herabschütten werde!

Gott zeigte ihnen den Ausweg: "Tut das, was ihr zuvor auch getan habt, und ehrt Mich mit den Erstlingsfrüchten eurer Arbeit, denn dadurch zeigt ihr auf, was Ich für euch getan habe und daß Ich die Quelle eures Lebens bin." Dann forderte Er Israel heraus: *"Prüfet mich doch dadurch...!"* Dies ist die einzige Stelle in der Bibel, in der Gott Sein Volk dazu auffordert, Ihn zu prüfen!

Beachte, welch überreichen Segen Gott Seinem Volk verheißen hatte; Er versprach, die Fenster des Himmels zu öffnen, um Seine Segnungen über Israel auszugießen. Daran erkennen wir deutlich, wie sehr Gott Sich danach sehnt, uns mit Seinen guten Gaben zu beschenken. Als zur Zeit Noahs die Fenster des Himmels geöffnet wurden, ergoß sich eine gewaltige Flut über die ganze Erde. Wenn Gott heute die Fenster des Himmels öffnet, wird sich eine Flutwelle Seines Segens über uns ergießen. Der Herr will Sein Volk mit Segnungen geradezu überschwemmen! Preis sei Gott!

In Vers 10 heißt es: *"Bringet aber den Zehnten ganz in das* ***Kornhaus,*** *auf daß Speise in meinem Hause sei..."*

Was ist für uns heute das Kornhaus? Es ist die Ortsgemeinde, in der wir unsere geistliche Speise – die Lehre und Predigt aus Gottes Wort – bekommen und der Hunger in den Herzen der Menschen mit Gottes lebendigem Wort gestillt wird. Dort können wir im Glauben wachsen, an Erkenntnis zunehmen und Stärkung für unseren inwendigen Menschen erfahren.

Die Weihe des Zehnten im Neuen Testament

Wie wir bereits festgestellt haben, taucht immer wieder ein großes Mißverständnis hinsichtlich des Zehnten auf, weil viele Christen denken, daß die Weihe der Zehntgaben nur denen galt, die unter dem mosaischen Gesetz lebten. Doch wir haben aufgrund unseres Studiums im Alten Testament gesehen, daß das Darbringen des Zehnten ein Akt des Glaubens aufgrund einer Erkenntnis der Macht und Größe Gottes und unserer Beziehung zu Ihm war. Durch diese Handlung des Glaubens wurde die Versorgung Gottes freigesetzt. Wir wollen nun betrachten, was im Neuen Testament über den Zehnten ausgesagt wird.

Hebräer 7, 1–3
1 Denn dieser Melchisedek – König von Salem, Priester Gottes, des Allerhöchsten, der Abraham entgegenkam, als er von der Niederwerfung der Könige zurückkehrte, und ihn segnete,
2 dem auch Abraham den Zehnten von allem gab, der zunächst, wenn man seinen Namen übersetzt, »König der Gerechtig-

keit« heißt, dann aber auch »König von Salem«, d. h. König des Friedens,
3 ohne Vater, ohne Mutter, ohne Geschlechtsregister, der weder Anfang der Tage noch Ende des Lebens hat –, der ist mit dem Sohne Gottes verglichen und bleibt Priester für immerdar.

Der Schreiber des Hebräerbriefs verdeutlicht hier, daß Melchisedek unseren Herrn Jesus Christus repräsentierte und nicht selbst der ewige Hohepriester war, der immerdar lebt, um für uns einzutreten. Er vermittelte nicht nur Abraham, sondern auch uns eine neue Offenbarung von Gott, dem Vater. Wir erfahren durch die Ersterwähnung des Namens "El Elyon", daß unser Gott *der Besitzer des Himmels und der Erde ist.* Dieser allerhöchste Gott ist unser Vater und Bundespartner, der uns Seine Versorgung verheißen hat.

Abraham war im Alten Testament ein Bild für die zukünftige Gemeinde des Herrn Jesus, die aus Glauben gerechtfertigt wird. Wenn also Melchisedek, der Priester Gottes, von Abraham den Zehnten empfängt, ist dies eine Vorausschau auf die Gemeinde, die ihrem Hohenpriester – dem Herrn Jesus Christus – ihre Zehntgaben aus Glauben darbringt.

In Vers 8 lesen wir nun, welche Bedeutung die Weihe des Zehnten für uns im neuen Bund hat.

Hebräer 7, 8a
8 ...und hier (auf der Erde und in dieser Zeit) **zwar nehmen sterbliche Menschen**

(die Gläubigen, die für die Verwaltung des Werkes des Dienstes verantwortlich sind) **den Zehnten...**

Wenn wir im neuen Bund unsere Zehntgaben darbringen, werden sie von denen, die Gott zur Verwaltung in die Gemeinde gesetzt hat, empfangen. Sie sind dafür verantwortlich, daß dieses Geld treu gehandhabt und zur Förderung und Verbreitung des Evangeliums verwendet wird, damit den Menschen geistliche Speise ausgeteilt werden kann.

Hebräer 7, 8b
8 ...dort aber einer, von welchem bezeugt wird, daß er lebt.

Es gibt nur einen, von dem bezeugt wird, daß Er lebt, und das ist der Herr Jesus Christus, unser Hoherpriester (Hebr. 7,24-25). Wenn wir also unsere Zehntgaben in unsere Ortsgemeinde bringen, werden sie dort zwar von sterblichen Menschen, den Dienern Gottes in der Gemeinde, in Empfang genommen, doch in Wirklichkeit gelangen unsere Gaben direkt vor den Thron Gottes, wo Jesus sie als unser ewiger Hoherpriester entgegennimmt.

Das Bild, das uns im 5. Mose 26 vermittelt wird, findet im neuen Bund seine Erfüllung und Vollendung, wenn wir als die Erlösten des Herrn in dieser Zeit Jesus, unserem Hohenpriester, die Erstlingsfrüchte unserer Arbeit darbringen.

Unsere Opfergaben steigen hinauf zum Himmel

Apostelgeschichte 10, 1–2 u. 4
1 Es war aber in Cäsarea ein Mann, namens Kornelius, ein Hauptmann der Rotte, welche man »die italienische« nennt;
2 fromm und gottesfürchtig samt seinem ganzen Hause, der dem Volke viele Almosen spendete und ohne Unterlaß zu Gott betete.
4 Er (Kornelius) **aber sprach: Was ist's, Herr? Er** (der Engel) **sprach zu ihm: Deine Gebete und deine Almosen** (Opfergaben) **sind *hinaufgekommen* ins Gedächtnis vor Gott!**

Nicht nur seine Gebete, sondern auch sein Geben ist *"hinaufgekommen ins Gedächtnis vor Gott"* (Vers 4); und ebenso wie Gott der Gaben des Kornelius gedachte, sieht Er auch *unsere* Opfer und Zehntgaben, wenn wir Ihn damit ehren.

Doch es stellt sich immer noch die Frage: "Warum erfahren wir im Neuen Testament so wenig über das Geben des Zehnten, wenn es sich auch für uns heute noch um einen Ausdruck des Glaubens handelt?"

Um diese Frage zu beantworten, müssen wir verstehen, was am Kreuz geschehen ist. Als Jesus auf Golgatha unsere Erlösung erkaufte, trat ein neuer Bund in Kraft. Als Er rief: "Es ist vollbracht!" meinte Er damit, daß der alte Bund erfüllt und von einem neuen abgelöst worden war. Jesus ist also die Tür, durch die wir gehen müssen, um vom alten in den neuen Bund hinüberzutreten. Einen anderen Weg gibt es nicht!

Wir müssen verstehen, daß viele Wahrheiten des Alten Testaments durch den Wechsel vom alten zum neuen Bund am Kreuz von Golgatha ihre natürliche Bedeutung verloren haben und nun im geistlichen Bereich ihre Erfüllung finden. Wenn dies der Fall ist, wird es in Gottes Wort unmißverständlich mitgeteilt.

Unter dem alten Bund fand beispielsweise die Beschneidung im Fleisch statt. Doch nach der Einführung des neuen Bundes wurde sie durch die "wahre Beschneidung" ersetzt, die am Herzen, im Geiste, vollzogen wird (Röm. 2,29). Durch das Erlösungswerk Jesu auf Golgatha erhalten viele Gesetze des Alten Testaments für uns heute eine höhere, eine geistliche Bedeutung.

Das Geben des Zehnten war bereits vor der Einführung des Gesetzes eine geistliche Handlung, die dann später allerdings als Vorschrift mit in das mosaische Gesetz aufgenommen wurde. Durch den Tod Jesu und Seine Auferstehung veränderte sich jedoch die geistliche Bedeutung des Zehnten nicht. Aus diesem Grund ist es nicht erforderlich, daß wir im Neuen Testament noch einmal ausführlich über die Weihe des Zehnten belehrt werden, denn wir können die geistliche Wahrheit, die darin enthalten ist, aus dem Alten Testament entnehmen und somit das Geben des Zehnten ebenso wie Abraham, der aus Glauben handelte, als Ausdruck unseres Glaubens übernehmen.

In den Sprüchen, dem Buch der Weisheit Gottes, lesen wir:

Sprüche 3, 9–10
9 Ehre den Herrn mit deinem Gut und mit den Erstlingen all deines Einkommens,
10 so werden sich deine Scheunen mit Überfluß füllen und deine Keltern von Most überlaufen.

Obwohl sich das Buch der Sprüche im Alten Testament befindet, enthält es keine alttestamentlichen Gesetze, sondern vielmehr göttliche Weisheiten, die sich auf unser tägliches Leben beziehen. In der obengenannten Schriftstelle bezieht sich der Begriff "Erstlinge" auf den Zehnten, also die ersten zehn Prozent unseres gesamten Einkommens.

Vers 10 verheißt uns die überfließende Versorgung Gottes, wenn wir den Zehnten im Glauben zur Ehre des Herrn darbringen. Doch wir bringen Gott unsere Zehntgaben nicht dar, *um von Ihm gesegnet zu werden*; wir geben, *weil wir die Gesegneten des Herrn sind.*

Der Segen des Zehnten

Im pastoralen Dienst haben wir beobachet, wie viele Familien von einem finanziellen Problem nach dem anderen überrollt werden. Dabei sollten sie eigentlich "in allem allezeit alle Genüge haben und überreich sein zu jedem guten Werk" (2. Kor. 9,8).

Wenn Christen ihr Bundesverhältnis mit Gott

verstehen und erkennen, welche Position Jesus in ihrem Leben innehat, werden sie Gott voller Freude ihre Zehntgaben darbringen.

Als Pastor wurde mir schon mehrmals die Frage gestellt: "Soll ich von meinem Brutto- oder von meinem Nettogehalt den Zehnten geben?"

Eine solche Frage zeigt mir, daß diese Person die geistliche Bedeutung der Weihe des Zehnten noch nicht erkannt hat. Wenn es dir also Schwierigkeiten bereitet, den Zehnten zu geben, kann es vielleicht daran liegen, daß du noch keine tiefgreifende Offenbarung darüber hast, wer dein Gott ist und wie sehr Ihn danach verlangt, dich über die Maßen zu segnen.

Wir können Seine Verheißungen natürlich nicht kaufen, doch wenn wir mit der richtigen Herzenseinstellung – in einer Haltung des Vertrauens, der Liebe und der Anbetung – geben, dann aktivieren wir unseren Glauben an unseren Bund mit Gott. Indem wir dem Herrn den zehnten Teil unseres Einkommens weihen, verkünden wir, daß unser himmlischer Vater die einzige Quelle unserer Versorgung in jedem Bereich des Lebens ist. Wir distanzieren uns von dem System der Welt und erklären unsere Unabhängigkeit von Satan und den Umständen, die sich gegen Gottes Wort erheben. Wenn wir unseren Zehnten geben, proklamieren wir vor der geistlichen Welt, daß wir zu Gott gehören und untrennbar mit Seiner Versorgung verknüpft sind.

Der Zehnte ist nicht zu Gottes, sondern zu unserem Nutzen!!! Gott ist nicht auf unsere finanziellen Mittel angewiesen – Er ist der Besitzer des Himmels und der Erde.

Als ich das begriffen hatte und erkannte, wer mein Gott ist, begann ich mit Freuden den Zehnten zu geben. Seit jenem Zeitpunkt haben wir als Familie den überfließenden Segen Gottes erfahren, und die Tage des Mangels gehören für uns längst der Vergangenheit an.

Leider hat Satan heute noch in weiten Bereichen die Kontrolle über die Reichtümer, die sich auf der Erde befinden, denn ein Großteil aller Geldmittel werden im Drogenhandel und mit illegalen Waffengeschäften umgesetzt. Satan ist jedoch nicht der rechtmäßige Eigentümer der Erde, denn sie und die Fülle darauf gehört dem Herrn (Hag. 2,8).

Gott hat die Reichtümer der Erde für Sein Volk bestimmt, damit es vom Gut des Landes ißt und das Evangelium über den ganzen Erdball verbreiten kann. Deshalb sollten wir uns als Kinder Gottes in der Autorität erheben, die der Herr Jesus Christus uns übertragen hat, und uns nicht länger durch Mangel an natürlichen und finanziellen Mitteln daran hindern lassen, den verlorenen Menschen dieser Welt das Evangelium zu verkünden.

Wenn wir diese Wahrheiten in Gottes Wort entdecken und verstehen, werden wir auch im finanziellen Bereich in der Freiheit Gottes wandeln!

Kapitel 6

Säen und Ernten

Galater 6, 6–10
6 Wer im Wort unterrichtet wird, der gebe dem, der ihn unterrichtet, Anteil an allen Gütern.
7 Irret euch nicht; Gott läßt seiner nicht spotten! Denn *was der Mensch sät, das wird er ernten*;
8 wer aber auf den Geist sät, wird vom Geist ewiges Leben ernten.
9 Laßt uns aber im Gutestun nicht müde werden; denn zu seiner Zeit werden wir auch ernten, wenn wir nicht ermatten.
10 So laßt uns nun, wo wir Gelegenheit haben, an jedermann Gutes tun, allermeist an den Glaubensgenossen.

Hier zeigt uns der Herr einen weiteren Weg, wie uns Seine Versorgung zuteil wird. Die Bibel nennt ihn das Prinzip des ”Säens und Erntens”. Das Wort fordert uns auf, ganz bewußt einen Samen zu säen und *eine Ernte zu erwarten!* Dieses geistliche Gesetz entspricht dem natürlichen Aussäen eines Saatkorns, das heranwächst und vielfach Frucht hervorbringt.

Jeder von uns kennt diesen Vorgang aus der Landwirtschaft. Wenn ein Bauer im Frühling seine Felder bestellt hat, wird er mit Sicherheit im Herbst eine Ernte erwarten. Ebenso können wir eine reiche Ernte erwarten, wenn wir die Gesetzmäßigkeit des Säens und Erntens mit der richtigen Herzenseinstellung anwenden.

Die Schrift sagt, daß der Herr selbst dem Sämann – dem Gläubigen – sogar das notwendige Saatgut darreichen wird, das er braucht. Ist das nicht wunderbar?

2. Korinther 9, 10
10 Er aber, der dem Sämann Samen darreicht und Brot zur Speise, der wird auch euch die Saat darreichen und mehren und die Früchte eurer Gerechtigkeit wachsen lassen...

Der Herr vertraut uns Samen an, den wir im Glauben säen, um andere zu segnen und um eine Ernte einzuholen. Wir müssen diese Samen ausstreuen, damit Gott das nötige Wachstum schenken und die Früchte unserer Gerechtigkeit mehren kann.

Im 1. Mose 26 lesen wir von einem klugen Sämann, der sich in einer großen Hungersnot zu helfen wußte: Isaak.

1. Mose 26, 1 (Elberfelder)
1 Und es entstand eine Hungersnot im Lande, nach der vorigen Hungersnot, die in den Tagen Abrahams gewesen war...

1. Mose 26, 2–3 u. 12–14
2 Da erschien ihm der Herr und sprach: Reise nicht nach Ägypten hinab, sondern bleib in dem Lande, das ich dir sage!
3 Sei ein Fremdling in diesem Lande, und

ich will mit dir sein und dich segnen . . .
12 Und Isaak säte in dem Lande und ernte-
te in demselben Jahr hundertfältig; denn
der Herr segnete ihn.
13 Und der Mann ward reich und immer
reicher, bis er sehr reich war;
14 und er hatte Schaf- und Rinderherden
und eine große Dienerschaft.

Isaak handelte sehr klug. Er erlag nicht der Versuchung, sein Saatgut angesichts der Nahrungsmittelknappheit aufzuessen. Isaak wußte, daß sein Gott treu war und ihm sowohl das Saatgut als auch Brot zur Speise darreichen würde. Deshalb befolgte er Seine Anweisungen genau. Gott ehrte Seinen Bund mit Isaak und schenkte ihm eine reiche Ernte, so daß Isaak inmitten einer Hungersnot völlig versorgt war – ja, sogar immer reicher wurde.

Anhand dieses Beispiels lernen wir eine wichtige Wahrheit: *Gerade wenn sich eine Not erhebt, sollten wir Samen ausstreuen, und der Herr wird uns versorgen, während unsere Saat heranwächst.*

Die Reaktion des natürlichen Menschen wäre angesichts von Mangel, alle Güter zurückzuhalten und Vorräte zu sammeln. Doch wir sind aus dem Geist Gottes geboren und wandeln in Seinen Wegen. Deshalb vertrauen wir nicht auf unseren Verstand, sondern auf den Herrn und Sein Wort. Die Menschen in der Welt verstehen unsere Verhaltensweise nicht im geringsten, denn für sie gelten andere Regeln. In den Sprüchen – dem Buch der göttlichen Weisheit – wird deutlich, daß die Wege Gottes völlig anders sind als die Prinzipien der Welt.

Sprüche 11, 24
24 Einer teilt aus und wird doch reicher, ein anderer spart mehr, als recht ist, und wird nur ärmer.

Das Wort Gottes erwähnt an vielen Stellen, wie wichtig es ist, daß wir beständig Samen ausstreuen – sei es zur gelegenen oder zur ungelegenen Zeit! Wir schauen nicht auf die Umstände, sondern auf Gottes Wort, denn darin finden wir die Weisheit, die vor der Welt verborgen ist.

Sprüche 12, 11
11 Wer seinen Acker bebaut, wird genug zu essen haben; wer aber unnötige Sachen treibt, ist unverständig.

Prediger 11, 4 u. 6
4 Wer auf den Wind achtet, sät nicht, und wer auf die Wolken sieht, erntet nicht.
6 Frühe säe deinen Samen, und des Abends laß deine Hand nicht ruhen ...

2. Korinther 9, 6–7
6 Das aber bedenket: Wer kärglich sät, der wird auch kärglich ernten; und wer im Segen sät, der wird auch im Segen ernten.
7 Ein jeder, wie er es sich im Herzen vorgenommen hat; nicht mit Unwillen oder aus Zwang; denn einen fröhlichen Geber hat Gott lieb!

Galater 6, 9–10
9 Laßt uns aber im Gutestun nicht müde werden; denn zu seiner Zeit werden wir auch ernten, wenn wir nicht ermatten.
10 So laßt uns nun, wo wir Gelegenheit haben, an jedermann Gutes tun, allermeist an den Glaubensgenossen.

Wenn wir Gottes Wort mit sanftmütigem Herzen aufnehmen und lernen, wie wir uns in den verschiedenen Situationen verhalten sollen, brauchen wir keine Not zu fürchten. Der Herr hat für jeden Bereich unseres Lebens Vorsorge getroffen, und Er wird uns stets die Weisheit vermitteln, jede Schwierigkeit in Seiner Kraft zu meistern. Wir brauchen uns in keinster Weise zu sorgen.

In Matth. 6 lehrt Jesus Seine Jünger:

Matthäus 6, 25–26
25 Darum sage ich euch: Sorget euch nicht um euer Leben, was ihr essen und was ihr trinken sollt, noch um euren Leib, was ihr anziehen sollt. Ist nicht das Leben mehr als die Speise und der Leib mehr als die Kleidung?
26 Sehet die Vögel des Himmels an! Sie säen nicht und ernten nicht, sie sammeln auch nicht in die Scheunen; und euer himmlischer Vater nährt sie doch. Seid ihr nicht viel mehr wert als sie?

Meinte Jesus damit, daß wir uns nun zurücklehnen und die Hände in den Schoß legen sollen?

Die Aussage, auf die es hier ankommt, finden wir in Vers 26: *"Seid ihr nicht viel mehr wert als sie* (die Vögel)?" Wir können diese Frage leicht beantworten. Natürlich sind wir wertvoller als Vögel, denn wir wurden im Ebenbild Gottes geschaffen. Deshalb erwartet der Herr von uns, daß wir uns anders als Tiere verhalten.

Der Herr hat uns Verstand und einen freien Willen gegeben. Er hat uns Seine Wege und Gedanken durch Sein Wort offenbart, und Er selbst ist uns zur Weisheit geworden (1. Kor. 1,30).

Wie wir bereits in Kapitel 4 festgestellt haben, ist es Gottes Wunsch, daß wir Seine Gesetzmäßigkeiten kennen und anwenden, damit wir ein Segen für andere sein können. Wir haben die Möglichkeit, jederzeit überreich zu jedem guten Werk zu sein, wenn wir uns auf Seinen Pfaden bewegen und nach Seinem Wort handeln.

2. Korinther 9, 8
8 Gott aber ist mächtig, euch jede Gnade im Überfluß zu spenden, so daß ihr in allem allezeit alle Genüge habet und überreich seiet zu jedem guten Werk . . .

Als wir uns einmal als Gemeinde in finanziellen Schwierigkeiten befanden, ermutigte mich der Herr, das Prinzip des Säens und Erntens anzuwenden.

Er hatte uns in jener Zeit aufgetragen, einige Erweiterungen in unserem Dienst vorzunehmen, die mit enormen Kosten verbunden waren. Es hatte nicht den Anschein, als ob wir dieser Anforderung gewachsen wären und das tun könnten, was notwendig war.

Als ich eines Morgens die ganze Situation vor

dem Herrn bewegte, wies Er mich an, in die Bibelschule im unteren Stockwerk zu gehen, um dem Unterricht zuzuhören.

An diesem Morgen war ein Sprecher bei uns zu Gast, der über seinen Missionsdienst predigte. Er sprach unter anderem über die Verantwortung, die wir als Gläubige haben, und erinnerte uns, die Mittel zu benutzen, die Gott uns gegeben hat, um damit denen zu helfen, die weniger wohlhabend sind.

Als er dies sagte, sprach der Herr zu meinem Herzen, daß ich diesem Mann das ganze Geld geben sollte, das sich zu diesem Zeitpunkt auf dem Gemeindekonto befand.

In den vergangenen Jahren hatte ich die Stimme des Herrn und Seine treue Versorgung gerade in diesem Bereich so oft erfahren, daß es für mich keinen Zweifel gab: der Herr hatte mir den Ausweg gezeigt. Viele Male schon hatte ich in kleineren Herausforderungen dieser Art dem Herrn gehorcht und jedesmal Seine Treue erfahren, so daß ich auch diesmal in völligem Vertrauen und fester Zuversicht der Anweisung des Herrn folgen konnte.

Dabei spürte ich plötzlich große Freude in mir aufsteigen, und ich erkannte, daß Gott mir soeben den Weg aus unseren finanziellen Nöten gezeigt hatte.

Der Dienst dieses Predigers galt vorrangig Ländern der Dritten Welt und Nationen, in denen die Gläubigen nicht dieselbe Freiheit wie wir genießen. Ich wußte, daß die Bibel uns auffordert, den Armen zu geben, und daß der Herr uns dafür belohnen würde. Und mir war völlig klar, daß der Betrag auf unserem Konto bei weitem nicht so groß war wie die Ernte, die wir so nötig brauchten. Er war vielmehr der Same, der die erwartete Ernte einbringen sollte.

Als ich den Co-Pastoren und Ältesten und später der Gemeinde mitteilte, was der Herr mir anvertraut hatte, teilten sie meine Freude. Auch sie waren überzeugt davon, daß der Same, den wir säen sollten, andere Christen segnen und die Ernte einbringen würde, die unsere Gemeinde befähigte, den Plan Gottes weiterhin auszuführen.

Zwei Tage nachdem wir unser Saatgut ausgestreut hatten, wurde mir mitgeteilt, daß ein ungewöhnlich hoher Betrag auf unserem Konto gutgeschrieben worden war. Eine Familie aus einer anderen Stadt hatte den Betrag gespendet, ohne von unserer schwierigen Situation gewußt zu haben. Ich sah nach, wann diese Spende angewiesen worden war, und zu meinem Erstaunen fand ich heraus, daß sie genau an dem Tag eingereicht worden war, an dem der Herr zu mir gesprochen hatte. Es handelte sich um exakt denselben Betrag, den wir als Samen ausgestreut hatten.

Ich rief den betreffenden Bruder an, um mich für die Spende zu bedanken. Dabei konnte ich mir die Frage nicht verkneifen, um welche Uhrzeit er denn zur Bank gegangen war. Er hatte diese Überweisung genau zu dem Zeitpunkt getätigt, als ich in der Bibelschule gesessen und dem Gastsprecher zugehört hatte – in dem Moment, als Gott mich aufforderte: "Säe einen Samen!"

In jenem Augenblick hatte ich gedacht, daß mit diesem Gehorsamsschritt unser Bankkonto nun völlig erschöpft sei. Doch Gott wußte, daß gerade in dem Moment ein anderes Kind Gottes gehorsam war und uns den notwendigen Samen schenkte. Gott reicht dem Sämann Samen dar!

Der Herr erwies Sich auch bei dieser Gelegenheit als unser treuer Versorger, und wir konnten Ihm in allen Seinen Plänen völlig gehorsam sein, weil wir nicht durch materiellen Mangel gebunden waren. Halleluja!

Wir sollten danach streben, uns Weisheit aus Gottes Wort anzueignen, damit wir uns mit Seinen Wegen und Gedanken vertraut machen und anfangen, die Führung des Herrn auch in unserem Geben zu suchen. Wenn es unser Verlangen ist, andere Menschen zu segnen und Gutes zu tun, wird der Heilige Geist uns stets fruchtbaren Boden zeigen, in den wir unser Saatgut pflanzen können. Wenn wir Täter des Wortes sind, werden nicht nur wir gesegnet sein, sondern auch diejenigen, mit denen wir in Kontakt kommen. Dadurch wird Gott all die Ehre zuteil, die Ihm gebührt, und die Menschen werden erkennen, daß der Herr treu ist und Sein Wort ehrt!

Kapitel 7

Geben um des Evangeliums willen

In Mark. 10 lesen wir von einem reichen Jüngling, der durch die Begegnung mit Jesus, dem Sohn Gottes, vor die wichtigste Entscheidung seines Lebens gestellt wurde. Oftmals wird gerade dieses Gleichnis als Begründung dafür angeführt, daß Jesus Wohlstand ablehnt. Doch wir wollen zunächst einmal sehen, wie Jesus auf die Frage des reichen Jünglings nach dem ewigen Leben reagierte.

Markus 10, 17–18
17 Und als er auf den Weg hinausging, lief einer herzu, fiel vor ihm auf die Knie und fragte ihn: *Guter Meister,* was soll ich tun, um das ewige Leben zu ererben?
18 Jesus aber sprach zu ihm: Was nennst du mich gut? *Niemand ist gut, als Gott allein!*

Jesus antwortete dem jungen Mann: *"Niemand ist gut, als Gott allein!"* Was wollte Er mit dieser Aussage erreichen?

Er wollte ganz einfach feststellen, ob der junge Mann erkannt hatte, wer Jesus wirklich war; Er prüfte durch diese Worte sein Herz. Jesus war nicht nur *irgend ein Lehrer* – Er war Gott, im Fleisch geoffenbart. Im weiteren Verlauf der Erzählung wird deutlich, daß der Jüngling dies nicht erkannt hatte.

Markus 10, 19–20
19 Du weißt die Gebote: Du sollst nicht töten! Du sollst nicht ehebrechen! Du sollst nicht stehlen! Du sollst nicht falsches Zeugnis reden! Du sollst nicht rauben! Ehre deinen Vater und deine Mutter!
20 Er aber antwortete und sprach zu ihm: *Meister,* **dies alles habe ich gehalten von meiner Jugend an.**

Offensichtlich hatte der junge Mann ernsthaft versucht, die Gebote Gottes einzuhalten, denn Jesus widersprach ihm in Vers 21 nicht. Doch der reiche Jüngling war in einem Bereich seines Lebens gebunden, und Jesus wußte das.

Markus 10, 21
21 Da blickte ihn Jesus an und gewann ihn lieb und sprach zu ihm: Eins fehlt dir! Gehe hin, verkaufe alles, was du hast, und gib es den Armen, so wirst du einen Schatz im Himmel haben; und komm, nimm das Kreuz auf dich und folge mir nach!

Jesus hatte den jungen Mann lieb und wollte ihm helfen. Er offenbarte ihm, wovon sein Herz erfüllt war, und forderte ihn sogar auf, Ihm nachzufolgen. So direkt hatte Jesus nur zu wenigen Einzelpersonen – zu Seinen Jüngern – gesprochen. Doch der junge Mann verstand nicht, was Jesus ihm begreiflich machen wollte.

Markus 10, 22–23
22 Er aber ward traurig über diese Rede

und ging betrübt davon; denn er hatte viele Güter.
23 Da blickte Jesus umher und sprach zu seinen Jüngern: Wie schwer werden die Reichen in das Reich Gottes eingehen!

An dieser Stelle könnte man leicht den Eindruck gewinnen, daß Jesus hier tatsächlich gegen Reichtum Stellung bezieht. Doch die Geschichte ist hier noch nicht zu Ende.

Markus 10, 24–26
24 Die Jünger aber erstaunten über seine Worte. Da hob Jesus wiederum an und sprach zu ihnen: Kinder, wie schwer ist es für die, welche ihr *Vertrauen auf Reichtum setzen*, **in das Reich Gottes einzugehen!**
25 Es ist leichter, daß ein Kamel durch ein Nadelöhr gehe, als daß ein Reicher in das Reich Gottes komme.
26 Sie aber entsetzten sich sehr und sprachen untereinander: Wer kann denn gerettet werden?

Das Nadelöhr war ein Tor in der Stadtmauer Jerusalems, das gerade groß genug war, daß ein Mensch hindurchgehen konnte. Nachdem die Stadttore für die Nacht verriegelt worden waren, konnte man nur noch durch das Nadelöhr hineingelangen. Falls noch eine Karawane ankam, mußten die Kamele völlig abgeladen werden und auf ihren Knien rutschend durch das Nadelöhr gezogen und geschoben werden.

Genauso muß ein Reicher sich von der Gebundenheit an sein Vermögen, sein Vertrauen auf seine materiellen Güter, lösen. "... *wie schwer ist es für die,* ***welche ihr Vertrauen auf Reichtum setzen,*** *in das Reich Gottes einzugehen"* (Vers 24).

Das anfängliche Erstaunen der Jünger verwandelte sich in Vers 26 in Entsetzen. Warum nur?

Die Aussagen Jesu standen im Gegensatz zu ihrem eigenen Lebenswandel, denn die Jünger, die Jesus nachfolgten, litten keinen Mangel. Sie waren in der Gemeinschaft des Herrn stets mit allem versorgt, was sie brauchten. Wenn die Jünger tatsächlich so mittellos gewesen wären, wie die Tradition uns glauben machen will, hätten sie die Worte Jesu sicherlich nicht so sehr beunruhigt. Doch sie zweifelten plötzlich ernsthaft daran, ob sie selbst errettet waren.

Markus 10, 26–27
26 Sie aber entsetzten sich sehr und sprachen untereinander: Wer kann denn gerettet werden?
27 Jesus aber blickte sie an und sprach: Bei den Menschen ist es unmöglich, aber nicht bei Gott; denn bei Gott sind alle Dinge möglich.

Jesus gibt hier die befreiende Antwort! Was bei Menschen unmöglich ist, ist bei Gott möglich! Halleluja! Die Fähigkeit, mit Gütern und finanziellen Mitteln umzugehen und dennoch ein aufrechtes Herz zu haben und mit Gott zu wandeln, ist durch die Kraft Gottes und die Erkenntnis Seines Wortes möglich. Ohne Gott kann Geld und Reichtum uns zerstören, doch durch das Wort erlangen wir die Weisheit, richtig damit umzugehen, und wir werden befähigt, den Wohlstand, den Er uns schenkt, zu Seiner Ehre einzusetzen.

Wollte Jesus den reichen Jüngling arm machen? Nein, keineswegs! Jesus machte ihm das beste Angebot seines Lebens. Wenn der junge Mann die Situation richtig beurteilt und sein Vertrauen auf Gott gesetzt hätte, wäre ihm Gottes Segen in Fülle zuteil geworden.

Außerdem wollte der Herr den wohlhabenden jungen Mann von seiner Gebundenheit an materielle Güter befreien. Er versuchte ihn zu lehren, wie er im Glauben an Gottes Wort leben konnte. Der reiche Jüngling hätte erlebt, daß Gott treu ist und Sein Wort hält. Wenn er Gott vertraut hätte und in Seinen Wegen gewandelt wäre, hätte er Gottes reichen Segen in seinem Leben erfahren und einen Schatz im Himmel gesammelt. Doch der reiche Jüngling entschied sich anders, und obwohl Jesus ihn liebte, versuchte Er nicht, ihn aufzuhalten; Er respektierte seine Entscheidung.

Petrus, der die ganze Situation gemeinsam mit den anderen Jüngern gespannt beobachtet hatte, machte Jesus auf eine ihm sehr wichtig erscheinende Tatsache aufmerksam:

Markus 10, 28
28 Da hob Petrus an und sprach zu ihm: Siehe, wir haben alles verlassen und sind dir nachgefolgt!

Was ihn dabei eigentlich interessiert, war die

Frage: "Herr, was bekommen wir eigentlich dafür, daß wir Dir nachfolgen?"

Wie wir gleich anschließend sehen werden, weist Jesus Petrus nicht – wie wir vielleicht erwartet hätten – empört zurecht, sondern Er beantwortet seine indirekt gestellte Frage.

Markus 10, 29a
29 Jesus antwortete ihm und sprach: Wahrlich, ich sage euch, es ist niemand, der Haus oder Brüder oder Schwestern oder Vater oder Mutter oder Kinder oder Äcker um meinetwillen und um des Evangeliums willen verlassen hat, der nicht hundertfältig empfinge, jetzt in dieser Zeit Häuser und Brüder und Schwestern und Mütter und Kinder und Äcker, ***unter Verfolgungen*****, und in der zukünftigen Weltzeit ewiges Leben ...**

Jesus hatte Petrus durch diese Antwort sicherlich sehr beruhigt. Diese Verheißung gilt jedoch nicht nur den Jüngern, sondern allen, die Gott dienen. Jesus verschweigt allerdings nicht, daß die Segnungen Gottes stets Verfolgungen nach sich ziehen werden.

Wir dürfen nicht vergessen, daß wir hier auf der Erde einen Feind haben, der unbedingt verhindern möchte, daß wir im Wohlstand Gottes wandeln. Deshalb müssen wir wachsam sein und uns nicht von Satan im Bereich der menschlichen Möglichkeiten halten lassen. Wir wollen vielmehr in die Dimension der Fähigkeit Gottes eintreten und mit Ihm das Unmögliche möglich machen.

Kapitel 8

Schätze im Himmel

Es ist sehr wichtig, daß wir verstehen, was wahrer Reichtum ist. Im biblischen Sinne vermögend oder wohlhabend zu sein bedeutet nicht, eine Menge Geld auf der Bank zu haben, sondern daß wir stets in allem volle Genüge haben, um Gottes Willen für unser Leben erfüllen zu können.

Die Gläubigen in Mazedonien hatten die Gnade des Herrn Jesus Christus erkannt – sie hatten verstanden, daß der Herr sie auch von ihrer materiellen Armut erlöst hatte. Deshalb erachteten sie sich selbst für reich in Ihm und gaben deshalb mit großer Freude, um den Dienst des Paulus zu unterstützen. Sie wußten, daß der Herr ihre Gebefreudigkeit belohnen würde und sie Schätze im Himmel hatten!

Jesus hatte die Jünger aufgefordert, sich von den Wegen der Welt zu distanzieren, die nur ins Verderben führen. Er warnte sie vor dem Betrug des Reichtums und richtete ihre Aufmerksamkeit auf die wahren Schätze, die nur ihr himmlischer Vater geben konnte. Gott würde sie für ihre Treue und ihr Geben belohnen!

Matthäus 6, 19–21
19 Ihr sollt euch nicht Schätze sammeln auf Erden, wo die Motten und der Rost sie fressen, und wo die Diebe nachgraben und stehlen.

20 Sammelt euch aber Schätze im Himmel, wo weder die Motten noch der Rost sie fressen, und wo die Diebe nicht nachgraben und stehlen.
21 Denn wo dein Schatz ist, da wird auch dein Herz sein.

Was geschieht nun mit diesen Schätzen im Himmel? Dazu wollen wir ein Beispiel im Neuen Testament betrachten.

Philipper 4, 10–13
10 Ich bin aber hoch erfreut worden im Herrn, daß ihr euch wieder soweit erholt habt, um für mich sorgen zu können; worauf ihr auch sonst bedacht waret, aber ihr waret nicht in der Lage dazu.
11 Nicht Mangels halber sage ich das; denn ich habe gelernt, mit der Lage zufrieden zu sein, in welcher ich mich befinde.
12 Ich verstehe mich so gut aufs Armsein wie aufs Reichsein;
13 ich bin in allem und für alles geübt, sowohl satt zu sein, als zu hungern, sowohl Überfluß zu haben, als Mangel zu leiden. Ich vermag alles durch den, der mich stark macht.

Am Ende seines Briefes an die Philipper lobt Paulus die Gemeinde dafür, daß sie sich seiner Lage angenommen und ihre Güter mit ihm geteilt hatte. Dadurch war es ihm möglich, seinen Dienst fortzusetzen. Paulus hatte längst gelernt, daß Gott die Quelle seiner Versorgung war. Deshalb freute er sich nicht vorrangig über die empfangene Gabe, sondern über die Frucht, die zu gunsten dieser Gemeinde ausfallen würde. Gott würde sie dafür belohnen, daß sie gegeben hatten, um andere zu unterstützen.

Philipper 4, 14–17
14 Doch habt ihr wohlgetan, daß ihr euch meiner bedrängten Lage annahmet.
15 Ihr wisset aber auch, ihr Philipper, daß im Anfang des Evangeliums, als ich von Mazedonien auszog, keine Gemeinde sich mit mir geteilt hat in ***die Rechnung der Einnahmen und Ausgaben*****, als ihr allein;**
16 ja auch nach Thessalonich habt ihr mir einmal, und sogar zweimal, zur Deckung meiner Bedürfnisse gesandt.
17 Nicht daß ich nach der Gabe verlange, sondern ich verlange darnach, daß die Frucht reichlich ausfalle ***auf eurer Rechnung*****.**

Paulus war davon überzeugt, daß diese Gabe im Himmel gutgeschrieben wurde. Gott, der ins Verborgene sieht, würde sie für ihr Geben öffentlich belohnen. Paulus stellt in Vers 15 fest, daß sich außer den Philippern keine Gemeinde an der "Rechnung der Einnahmen und Ausgaben" beteiligt hatte – in anderen Worten könnte man sagen, daß keine Gemeinde in den Dienst von Paulus "gesät" und deshalb auch nicht "geerntet" hatte, als nur die Philipper.

Ich glaube, wir verstehen nun, warum manche Gläubige in ihrer Not nichts empfangen haben. Sie hatten sich keine Schätze im Himmel gesammelt, ihr Saatgut nicht ausgestreut, und deshalb war nun in der Zeit der Not keine Ernte einzuholen.

Wir haben bereits im Kapitel "Säen und Ernten" gesehen, daß wir die Prinzipien Gottes kennenlernen und anwenden müssen, um Seine Versorgung in unserem Leben freizusetzen. Wir dürfen uns in diesem Bereich nicht in die Irre führen lassen!

Galater 6, 7
7 Irret euch nicht; Gott läßt seiner nicht spotten! Denn was der Mensch sät, das wird er ernten.

Gott und Sein Wort sind eins, und Er wird niemals davon abweichen, sonst würde Er Sich als Lügner erweisen! Der Herr hat uns in Seinem Wort die Gesetzmäßigkeiten des "Säens und Erntens", des Gebens an die Armen, das Geben um des Evangeliums willen und die Weihe des Zehnten aus Glauben offenbart, damit sie uns und anderen zum Segen werden. Wenn wir von Gottes Wegen abweichen, berauben wir nicht nur uns selbst, sondern auch Gott, denn Sein größtes Verlangen ist, uns zu segnen.

Obwohl die Gemeinde in Philippi Paulus finanziell unterstützt hatte, handelte es sich im Grunde genommen um ein Opfer des Lobpreises und der Danksagung an Gott.

Philipper 4, 18
18 Ich habe alles, was ich brauche, und habe Überfluß; ich bin völlig versorgt, seitdem ich von Epaphroditus eure Gabe empfangen habe, einen lieblichen Wohlgeruch, ein angenehmes Opfer, Gott wohlgefällig.

Durch diese Spende wurde Paulus sehr geholfen, doch gleichzeitig war dieses Opfer für Gott ein lieblicher Wohlgeruch! In Vers 19 lesen wir, was Paulus für derart gebefreudige Gläubige betete.

Philipper 4, 19
19 Mein Gott aber befriedige alle eure Bedürfnisse nach seinem Reichtum in Herrlichkeit, in Christus Jesus!

Wir müssen hier beachten, daß diese Verheißung Gläubigen galt, die von Herzen gebefreudig waren. Sie gaben gerne, ohne zurückzuhalten, denn sie taten es für den Herrn!

Oftmals zitieren wir diese Schriftstelle als Glaubensbekenntnis, doch das sollten wir nur dann tun, wenn wir im Glaubensgehorsam das erfüllen, was in den vorherigen Versen beschrieben wird. Wenn wir dem Vorbild der Philipper nacheifern und ebenso wie sie bereit sind, andere zu segnen und dadurch Gott die Ehre zu geben, wird sich auch für uns Vers 19 erfüllen!

Gott möchte in jedem Bereich unseres Lebens die Quelle unserer Versorgung sein, und je mehr wir Geben als einen Lebensstil praktizieren, desto mehr werden wir Seine Treue erleben. Wir werden erfahren, wie Er all unserer Not begegnet, uns segnet und uns dabei zu einem Segen für andere macht. **Das ist Wohlstand im Willen Gottes!**

Das Vermögen des Sünders ist für die Gerechten aufgespart

Als Gott Seine Kinder aus der Sklaverei Ägyptens führte, waren sie nicht nur von der Knechtschaft befreit – sie waren gesund und nahmen bei ihrem Auszug die Schätze der Ägypter mit sich (2. Mose 12,35-36). Sollte es mit der Gemeinde heute anders sein?

Apostelgeschichte 3, 20–21
20 ...und er den euch vorherbestimmten Christus Jesus sende,
21 welchen der Himmel aufnehmen muß bis auf die Zeiten der Wiederherstellung alles dessen, wovon Gott durch den Mund seiner heiligen Propheten von alters her geredet hat.

Jesus wird erst wiederkommen, wenn alles erfüllt ist, was die Propheten Gottes im Alten Testament voraussagten. Einer dieser Propheten war Haggai. Er schrieb durch den Geist Gottes:

Haggai 2, 5–9
5 Das Wort, gemäß welchem ich mit euch einen Bund gemacht habe, als ihr aus Ägypten zoget, soll bestehen, und mein Geist bleibt in eurer Mitte; fürchtet euch nicht!
6 Denn also spricht der Herr der Heerscharen: Noch einen kleinen Augenblick, und ich erschüttere den Himmel und die Erde, das Meer und das Trockene;
7 und ich will auch alle Nationen erschüttern, und es werden die Kostbarkeiten aller Nationen kommen, ***und ich will dieses Haus mit Herrlichkeit erfüllen, spricht der Herr der Heerscharen.***
8 ***Mein ist das Silber, und mein ist das Gold, spricht der Herr der Heerscharen.***
9 Es soll die Herrlichkeit dieses letzten Hauses größer werden, als die des ersten

war, spricht der Herr der Heerscharen; und an diesem Orte will ich Frieden geben, spricht der Herr der Heerscharen.

Obwohl in diesen Versen die Rede von der Wiederaufrichtung des Tempels in Jerusalem ist, bezieht sich diese Aussage auch auf die heutige Gemeinde, die der Tempel Gottes in unserer Zeit ist. Mitten in diesem Abschnitt über die Wiederherstellung der herrlichen Gemeinde spricht Haggai davon, daß alles Gold und Silber dem Herrn gehört. Was hat diese Tatsache mit der Herrlichkeit Gottes zu tun?

Die Herrlichkeit Gottes ist Seine offenbarte Gegenwart. Um den Menschen die Herrlichkeit Gottes, Seine Gegenwart, nahezubringen, brauchen wir "Silber und Gold" – wir brauchen die nötigen Mittel, um Prediger auszusenden, die das Evangelium verkündigen.

Prediger 2, 26
26 Denn dem Menschen, der Ihm wohlgefällt, gibt Er Weisheit und Erkenntnis und Freude; aber dem Sünder gibt er Plage, daß er sammle und zusammenscharre, *um es dem zu geben, welcher Gott gefällt.*

Sprüche 13, 22
22 Was ein guter Mensch hinterläßt, geht über auf Kindeskinder; *das Vermögen des Sünders aber wird für den Gerechten aufgespart.*

Wir brauchen den Wohlstand Gottes JETZT! Wenn Jesus wiederkommt, ist es zu spät, das Evangelium zu verkünden. Dann wird Er regieren, und es wird keine Not mehr geben. Die Menschen der Welt, die keine Hoffnung haben und Gott nicht kennen, sollen *jetzt* erfahren, welche Fülle des Lebens in Ihm verborgen ist.

Kapitel 9

Die richtige Herzenseinstellung

Matthäus 6, 1–4
1 Habet acht, daß ihr eure Gerechtigkeit nicht vor den Leuten übet, um von ihnen gesehen zu werden; sonst habt ihr keinen Lohn bei eurem Vater im Himmel.
2 Wenn du nun Almosen gibst, sollst du nicht vor dir her posaunen lassen, wie die Heuchler in den Synagogen und auf den Gassen tun, um von den Leuten gepriesen zu werden. Wahrlich, ich sage euch, sie haben ihren Lohn dahin.
3 Wenn du aber Almosen gibst, so soll deine linke Hand nicht wissen, was deine rechte tut,
4 damit dein Almosen im Verborgenen sei. Und dein Vater, der ins Verborgene sieht, wird es dir vergelten öffentlich.

Wie so oft in Seiner Lehre betont Jesus auch hier, wie entscheidend bei allem, was wir tun, unsere Herzenseinstellung ist. Wenn wir nur geben, um von den Leuten gesehen zu werden und um den Eindruck zu erwecken, daß wir besonders geistlich sind, haben wir keinen Lohn bei Gott.

Gott möchte uns segnen, damit wir ein Segen für andere sein können. Diesen Wunsch teilte Er im 1. Mose 12,2 bereits Seinem Freund Abraham mit: *"So will ich dich zu einem großen Volke machen und dich segnen und dir einen großen Namen machen, und du sollst ein Segen sein"*. Doch wenn wir nur deshalb die Segnungen des Himmels empfangen möchten, damit man zu uns aufschaut, wird der Strom Gottes in unserem Leben versiegen.

Auch Paulus betonte, wie wichtig das Motiv unseres Herzens ist, wenn wir geben. Von ihm hängt ab, was wir ernten werden.

2. Korinther 9, 6—7
6 Das aber bedenket: Wer kärglich sät, der wird auch kärglich ernten; und wer im Segen sät, der wird auch im Segen ernten.
7 Ein jeder, wie er es sich im Herzen vorgenommen hat; nicht mit Unwillen oder aus Zwang; *denn einen FRÖHLICHEN Geber hat Gott lieb!*

Gib niemals, wenn du dich unter Druck gesetzt fühlst, sondern entscheide in deinem Herzen, wieviel du geben möchtest, und tu es dann mit Freuden als dem Herrn! Gott liebt einen fröhlichen Geber, und wir können sicher sein, daß es dem Herrn wohlgefällig ist, wenn dies unsere Einstellung ist. Gott sieht bei allem, was wir tun, auf unser Herz.

1. Samuel 16, 7
7 ...denn Gott sieht nicht auf das, worauf der Mensch sieht; der Mensch sieht auf das Äußere; der Herr sieht auf das Herz.

Wir wollen nun anhand einiger Schriftstellen

betrachten, welche Herzenseinstellung dem Herrn wohlgefällt.

Sprüche 19, 17
17 ***Wer sich des Armen erbarmt,*** **der leiht dem Herrn; und Er wird ihm seine Wohltat vergelten.**

Barmherzigkeit oder Erbarmen findet stets Gottes Wohlgefallen. Wenn wir den Armen geben, leihen wir dem Herrn – und Er wird uns nach dem Reichtum Seiner Herrlichkeit zurückerstatten!

Psalm 112 beschreibt einen Mann, dem der Segen Gottes zuteil wurde, weil sein Herz auf den Herrn gerichtet ist:

Psalm 112, 1–3
1 Hallelujah! ***Wohl dem, der den Herrn fürchtet, der große Lust hat an seinen Geboten!***
2 Des Same wird gewaltig sein auf Erden; das Geschlecht der Redlichen wird gesegnet sein.
3 Reichtum und Fülle ist in seinem Hause, und seine Gerechtigkeit besteht ewiglich.

Dieser Mann fürchtet den Herrn! Er liebt offensichtlich das Wort Gottes und hat sein Leben danach ausgerichtet. Aus diesem Grund ist er in allen Bereichen über die Maßen gesegnet!

Psalm 112, 5
5 ***Wohl dem Manne, der barmherzig ist und leiht;*** **er wird sein Recht behaupten im Gericht...**

Wir sehen, daß Gott die Herzenseinstellung

dieses Menschen gefällt, weil er ein Segen für andere sein möchte.

Psalm 112, 7
7 Vor bösem Gerücht fürchtet er sich nicht;
sein Herz vertraut fest auf den Herrn.

Sein Herz ist von Glauben erfüllt, und er fürchtet sich nicht. Er vertraut nicht auf seinen Verstand, sondern auf den Herrn.

Psalm 112, 9
9 ***Er hat ausgestreut, er hat den Armen gegeben*****; seine Gerechtigkeit besteht ewiglich, sein Horn wird emporragen in Ehren.**

Dieser Mensch hat Gottes Wort nicht nur lieb, sondern er wendet die Weisheiten, die er daraus empfangen hat, in seinem täglichen Leben an. Er fürchtet den Herrn, ist barmherzig und leiht, er sät und erntet, er vertraut auf den Herrn und hat keine Angst!

Gott ehrt die Einstellung unseres Herzens. Wenn wir Ihn lieben und Sein Wort an erste Stelle setzen, wird Er uns mit Seinen Segnungen überschütten. Doch wir werden diese Erfahrung niemals machen, wenn wir insgeheim nach Reichtum und Ehre gelüsten. Wir können die Prinzipien Gottes nicht dazu mißbrauchen, unsere Habgier zu befriedigen. Das wird der Herr nicht dulden!

Wir müssen uns stets darüber im klaren sein, daß Er die geheimsten Wünsche unseres Herzens kennt. Wenn wir ein ehrliches Herz bewahren und aufrecht vor Ihm wandeln, wird Er uns zu einem Segen machen und unsere Herzenswünsche erfüllen. Doch alles hängt davon ab, wem oder was wir den ersten Platz in unserem Herzen einräumen! Darin liegt das Geheimnis biblischen, gottgemäßen Wohlstands!

Geben – ein Lebensstil

Johannes 3, 16
16 Denn Gott hat die Welt *so geliebt*, daß er seinen eingeborenen Sohn GAB . . .

Römer 8, 32
32 . . . wie sollte er uns mit ihm nicht auch alles schenken?

Es ist Gottes Wille, daß wir die Gebefreudigkeit, die Seinem Charakter entspricht, anderen vorleben. Wir sollen auch in diesem Bereich Nachahmer unseres himmlischen Vaters sein: *". . . Gott, der allen gern und ohne Vorwurf gibt . . ."* (Jak. 1,5).

Als Paulus die Korinther ermutigte, ein Opfer zu erheben, gebrauchte er die Gemeinden in Mazedonien als Beispiel für eine gebende Gemeinde.

2. Korinther 8, 1–6
1 Wir tun euch aber, ihr Brüder, die Gnade Gottes kund, welche den Gemeinden Mazedoniens gegeben worden ist.
2 Denn trotz vieler Trübsalsproben hat ihre überfließende Freude und ihre so tiefe Armut den Reichtum ihrer Gebefreudigkeit zutage gefördert.

3 Denn nach Vermögen, ja ich bezeuge es, über ihr Vermögen waren sie bereitwillig
4 und baten uns mit vielem Zureden um die Gnade, an dem Dienste für die Heiligen teilnehmen zu dürfen,
5 und nicht nur, wie wir es erhofften, sondern sich selbst gaben sie hin, zuerst dem Herrn und dann uns,
6 durch den Willen Gottes, so daß wir Titus zusprachen, dieses Liebeswerk, wie er es angefangen hatte, nun auch bei euch zu Ende zu führen.

Paulus nannte das Opfer der Mazedonier ein "Liebeswerk". Der anschließende Vers 7 verdeutlicht, wie wichtig es für den Gläubigen ist, einen Lebensstil des Gebens zu praktizieren:

2. Korinther 8, 7
7 Aber wie ihr in allen Stücken reich seid, an Glauben, *am Wort*, an Erkenntnis und an allem Eifer und der Liebe, die ihr zu uns habt, so möge auch dieses Liebeswerk (das Geben eines Opfers) ***reichlich* bei euch ausfallen!**

Welch eine Überraschung für diejenigen, die dachten, daß Gott Opfergaben nicht beachtet. Paulus schreibt hier, daß ein Opfer mit unserem Wandel in der Liebe, unserem Glauben an Gott und unserer Erkenntnis über Sein Wort zu vergleichen ist.

2. Korinther 8, 9
9 Denn ihr kennet die Gnade unsres Herrn

Jesus Christus, daß er, obwohl er reich war, um euretwillen arm wurde, damit ihr durch seine Armut reich würdet!

Du wirfst an dieser Stelle vielleicht ein: "Moment mal, diese Aussage ist doch geistlich zu verstehen!" Nein, entsprechend dem Textzusammenhang ist hier ganz eindeutig von materieller und nicht von geistlicher Armut die Rede. Jesus war geistlich niemals arm; Er war stets reich im Geist. In diesem Vers wird eindeutig von den natürlichen Gütern gesprochen, auf die Jesus um unseretwillen verzichtete, damit wir reich sein können.

Jesus ist nicht gekommen, um uns zu berauben. *"Der Dieb kommt nur, um zu stehlen, zu töten und zu verderben; ich bin gekommen, damit sie Leben haben und es im Überfluß haben"* (Joh. 10,10). Er kam, um uns eine völlig neue Art des Lebens zu schenken – das überfließende Leben Gottes! Seine Absicht war, den Feind und Widersacher Gottes und Seiner Kinder ein für allemal zu besiegen. Jesus war gesandt worden, um die Verlorenen zu retten, die Kranken zu heilen, Gefangene zu befreien und den Menschen Gutes zu tun.

Apostelgeschichte 10, 38
38 Jesus von Nazareth, wie Gott ihn mit heiligem Geist und Kraft gesalbt hat, welcher umherzog, indem er wohltat und alle heilte, die vom Teufel überwältigt waren; denn Gott war mit ihm.

Satan war und ist derjenige, der die Menschen knechtet und in Gebundenheit bringt.

Doch Jesus hat über ihn triumphiert und ihm alle Macht entrissen! Halleluja!

Glaube und Beständigkeit

Hebräer 6, 11–12 u. 15 (NT, W.F. Beck)
11 Wir wünschen aber sehr, daß jeder von euch denselben Eifer um die volle Gewißheit eurer Hoffnung bis ans Ende beweise,
12 damit ihr nicht träge werdet, sondern Nachahmer derer, die durch *Glauben und Beständigkeit* die Verheißungen erben...
15 Und so erlangte er die Verheißung, nachdem er in *Beständigkeit* ausgeharrt hatte.

Wenn wir nun am Ende unseres Studiums zum Thema Wohlstand ein Täter des Wortes sein wollen, dürfen wir eine wichtige Wahrheit der Bibel nicht außer acht lassen: Die Verheißungen Gottes fallen nicht von heute auf morgen einfach wie reife Äpfel auf uns herab!

Markus 4, 26–29
26 Und er sprach: Mit dem Reiche Gottes ist es so, wie wenn ein Mensch den Samen in die Erde wirft
27 und schläft und aufsteht, Nacht und Tag, und der Same keimt und geht auf, ohne daß er es weiß.
28 Denn die Erde trägt von selbst Frucht, zuerst den Halm, hernach die Ähre, dann den vollen Weizen in der Ähre.
29 Wenn aber die Frucht sich darbietet, schickt er alsbald die Sichel hin; denn die Ernte ist da.

Die Schrift weist uns im Hebräerbrief darauf hin, daß wir Nachahmer derer sein sollen, die die Verheißungen durch Glauben und *Beständigkeit* ererbt haben.

Gott ist ein weiser Vater, und Er wird uns stets nur soviel anvertrauen, womit wir im Augenblick umgehen können. Er lehrt uns nach und nach, wie wir in jedem Bereich des Lebens in Seinen Wegen wandeln können. Dies offenbarte der Herr auch Seinem Knecht Mose:

2. Mose 23, 29–30
29 Ich will sie aber nicht in einem Jahre vor dir her vertreiben, damit das Land nicht zur Wüste werde und die wilden Tiere sich nicht zu deinem Schaden vermehren.
30 Nach und nach will ich sie vor dir vertreiben, *in dem Maß, WIE DU ZUNIMMST und das Land ererben kannst*.

Je mehr wir in der Erkenntnis Gottes wachsen und an geistlicher Kraft zunehmen, umso mehr werden wir Seine kostbaren Verheißungen empfangen können. Wir werden unser rechtmäßiges Erbe antreten und auch behalten können.

Das Volk Gottes hat dazu das verbriefte Recht auf dieser Erde, denn Jesus hat einen teuren Preis dafür bezahlt! Doch wir gefallen uns nicht selbst darin, sondern setzen die Mittel, die Gott uns anvertraut, ein, um Seinen Willen zu tun – die verlorene Welt mit dem Evangelium zu erreichen!

5. Mose 28, 1–2
1 Es wird aber geschehen, wenn du der

Stimme des Herrn, deines Gottes, wirklich gehorchst und darauf achtest zu tun alle seine Gebote, die ich dir heute gebiete, daß dich dann der Herr, dein Gott, erhöhen wird über alle Völker auf Erden.
2 Und alle diese Segnungen werden über dich kommen und dich treffen, wenn du der Stimme des Herrn, deines Gottes, gehorchst.

Diese beiden Verse enthalten gewissermaßen noch einmal eine kurze Zusammenfassung der Wahrheiten, die wir hinsichtlich des Themas Wohlstand bereits studiert haben.

1. *"Es wird aber geschehen, ..."* Wohlstand wird sich nicht in einem Augenblick einstellen, sondern wir erfahren ihn vielmehr als einen fortschreitenden Wachstumsprozeß.

2. *"... wenn du der Stimme des Herrn, deines Gottes, gehorchst."* Wir haben festgestellt, daß die Segnungen Gottes an bestimmte Bedingungen geknüpft sind. Nur wenn wir Täter des Wortes sind und Seinen Anweisungen folgen, werden wir die Verheißungen ererben.

3. *"Und alle diese Segnungen werden über dich kommen und dich treffen ..."* Gott will uns mit Seinen Segnungen überschütten – das dürfen und sollen wir in unserem Leben erwarten. Wir brauchen dem Segen Gottes nicht nachzujagen; der Segen Gottes wird uns förmlich überrollen, wenn wir das Reich Gottes an erste Stelle in unserem Leben setzen und nach Seinem Wort handeln. Gott ist treu – und was Er verheißen hat, das hält Er gewiß! Der Herr wird Sein Wort zustandebringen!

Es ist mein Wunsch, daß du durch dieses Buch Erkenntnis über den Willen des Herrn hinsichtlich Wohlstand gewinnst. Wenn wir Gottes Wort zu uns sprechen lassen und es mit Sanftmut aufnehmen, werden wir die Weisheit empfangen, mit den finanziellen Mitteln und materiellen Gütern, die Gott uns anvertraut, richtig umzugehen. Sie werden nicht zu einem Fallstrick für uns werden, sondern lediglich ein Mittel zum Zweck sein, damit wir selbst an allem Genüge haben und überreich zu jedem guten Werk sind.

Wenn wir selbst Mangel leiden, haben wir auch unseren Mitmenschen im materiellen Bereich nichts zu geben, selbst wenn wir uns dies auch noch so sehr wünschen! Es ist also nicht demütig, sondern im Grunde genommen unweise, wenn wir diesen Segen Gottes in unserem Leben nicht annehmen!

Die Botschaft des gottgegebenen Wohlstands wird uns aus der Abhängigkeit von Menschen befreien und immer enger mit Gott verbinden.

Gerade in Anbetracht der jüngsten Ereignisse des aktuellen Zeitgeschehens, wo sich Türen zur Verkündigung des Evangeliums öffnen, die so lange verschlossen waren, können wir uns die Gelegenheit nicht entgehen lassen, die Verbreitung des Wortes Gottes stärker und gezielter zu unterstützen als je zuvor.

"Laßt uns aber im Gutestun nicht müde werden; denn zu seiner Zeit werden wir auch ernten, wenn wir nicht ermatten. So laßt uns nun, ***wo wir Gelegenheit haben****, an jedermann Gutes tun..."* (Gal. 6,9-10).